题解红楼

高传利 编著

人民东方出版传媒
People's Oriental Publishing & Media
東方出版社
The Oriental Press

图书在版编目（CIP）数据

题解红楼 / 高传利编著. —北京：东方出版社，2023.5
ISBN 978-7-5207-3253-6

Ⅰ. ①题… Ⅱ. ①高… Ⅲ. ①阅读课—高中—升学参考资料
Ⅳ. ① G634.333

中国国家版本馆 CIP 数据核字（2023）第 018221 号

题解红楼
(TIJIE HONGLOU)

作　　者：高传利
策划编辑：姚　恋
责任编辑：王晶晶
出　　版：東方出版社
发　　行：人民东方出版传媒有限公司
地　　址：北京市东城区朝阳门内大街 166 号
邮政编码：100010
印　　刷：北京联兴盛业印刷股份有限公司
版　　次：2023 年 5 月第 1 版
印　　次：2023 年 9 月北京第 2 次印刷
开　　本：710 毫米 ×1000 毫米　1/16
印　　张：13.25
字　　数：206 千字
书　　号：ISBN 978-7-5207-3253-6
定　　价：56.00 元
发行电话：（010）85924663　85924644　85924641

目　录

■前　言

这是一本专门写给青年学生的书。

对于《红楼梦》这样一部大部头的著作，学生如何能读进去、能读懂、能对情节做出准确的表述、能表达自己的见解，实在是一件困难的事。这也是《红楼梦》让许多人望而却步的一个原因。《红楼梦》作为高考必考的一部经典名著，显然成了制约学生升学的一大瓶颈。

有人尝试对《红楼梦》整本书进行阅读设题训练，用心是好的，但学生并不完全认同，他们大多缺乏从头至尾把训练题全部做完的决心和勇气。即使有学生怀有良好的愿望，却也因种种限制，半途而废。学生更需要的，是既能起到一定的阅读训练引导，提高答题精准度，又能提升阅读能力，获得阅读享受的读本。本书就是这样一本应需之作。

本书以《红楼梦》前八十回为基本内容，分为“概述”“问题研读”“文本精读”和“高考真题”四个部分。其中“问题研读”又分为“人物”“情节”“手法”“语言”“主题”“综合”六个板块，每个板块都是按照回目的先后顺序进行解析。“文本精读”的选段顺序基本类似。“高考真题”则是收录了北京卷、江苏卷及全国卷的高考真题，按年份编排。上述体例，既有利于读者的翻检，也有利于读者对《红楼梦》的宏观把握和阅读，为读者的有效阅读提供了方便。

本书的“题解”，包含两方面的意思。一个是书名“题解”，指用题目问答的方式助力学生阅读，重点不在训练，而在让学生能读下去，能掌握原著内容，能摸到答题门道。另一个是试题里的“题解”，指用最简要的点拨，让学生明确考查方向和答题思路（有时也对原著内容进行简单的梳理）。

本书重点是“问题研读”，该部分题目主要来自北京各区、江苏各地的高考模拟题，也有部分原创。其中，若有答案示例，则充分采用原答案（有修正）；若没有答案，则补写出答案示例。根据我多年的教学实践经验，对这种迅速提升阅读能力和答题质量的阅读形式，学生表现出了足够的热情和欢迎。

同时，对于《红楼梦》的阅读爱好者，或是初入门者，本书也是一本不错的阅读参考书。

本书充分借鉴和吸收了广大教师朋友以及学生的研读成果，并以此为基础进行了重新编排和改写，可以说是集体智慧的结晶。在此一并表示感谢！同时，基于本书不是一年一换的备考训练册，而是具有一定长期性的阅读书籍的考虑，再加上弄清全部信息来源也有难度，所以编排时把具体的命题者及年份略去了，望广大同人谅解。

圆梦从《题解红楼》开始，本书值得拥有！

2022 年 11 月

《红楼梦》概述

简 介

《红楼梦》是中国最具文学成就的古典文学巨著之一，是中国古典文学创作的巅峰之作，是全人类的文化瑰宝。

其作者曹雪芹（1715—1764？），名霑，字梦阮，号雪芹、芹圃、芹溪等。《红楼梦》成书于清朝乾隆时期，最初是以手抄本面世的。后来若干手抄本又陆续被发现了，如乾隆庚辰年（1761）的抄本，差不多有八十回，这些手抄本都把这本小说定名为《石头记》，并且有署名“脂砚斋”的许多批语。曹雪芹创作此书，前后花了十年时间，五次增删修改它。

曹雪芹死后不到三十年，程伟元和高鹗整理、补足并刊刻付印了由不知名者续写了后四十回的《红楼梦》一百二十回本。从此，小说才得以“完整”的面目呈现于世。《红楼梦》也就因此分为两个版本：一是至多存八十回，大都带有脂评的抄本，简称脂本；二是一百二十回，经程、高二人整理过的刻本，简称程高本或程本。

《红楼梦》一书，通过对“贾、史、王、薛”四大家族荣衰的描写，展示了广阔的社会生活视野，森罗万象，囊括了多姿多彩的世俗人情。礼仪、习俗、爱情、友谊，种种喜怒哀乐，以至饮食穿着、生活起居等琐事细节，无不一一毕现，这也是以前小说从未有过的。人们称《红楼梦》内蕴藏着一个时代的历史容量，是封建末世的百科全书。

《红楼梦》中的人物，据统计有名有姓的四百多人（总共九百多人），其中形象生动、个性鲜明的人物不下几十个。林黛玉的风流别致、薛宝钗的雍容含蓄、史湘云的清新洒脱，特点突出，性格鲜明。《红楼梦》一出来，传统写人的手法都被推翻了，不再是好人都好，坏人都坏了。作者如实描写，从无讳饰，因而每个人物形象都是活生生、有血有肉的。贾宝玉、林黛玉、史湘云、晴雯，都非十全十美；王熙凤、贾琏、薛蟠、贾雨村，也并未被写成十足的坏蛋，因而形象鲜明，各具神采。

《红楼梦》综合体现了中国优秀的文化传统。小说的主体文字是白话，但又吸纳了文言文及其他多种文体表现之所长。有时对自然景物、人物情态的描摹，也从诗词境界中泛出，给人一种充满诗情画意的特殊韵味和美感。小说中还包含着大量的诗、词、曲、辞赋、歌谣、联额、灯谜、酒令……做到了真正的“文备众体”，它们也成为小说中必不可少的有机组成部分。

《红楼梦》内容浩大，不同的人赋予它不同的视角，仁者见仁，智者见智。正如鲁迅先生所说：“单是命意，就因读者的眼光而有种种，经学家看见《易》，道学家看见淫，才子看见缠绵，革命家看见排满，流言家看见宫闱秘事。”亦如王蒙所说：“它自成一个宇宙、一个世界，既丰富又复杂，既深邃又玄秘，既真实生动又意味无穷。”

问题研读

人物

贾母，贾代善之妻，出嫁前为金陵世族史侯家的小姐。她虽已年老，也不管家，但余威犹在。她偏爱小儿子贾政和小儿媳王夫人，喜欢众孙女，溺爱孙子宝玉，但并不支持宝黛的爱情。她批准了王熙凤的“掉包计”，使宝玉被迫娶了薛宝钗。后以八十三岁高龄去世。

贾赦，字恩侯，世袭一等将军之职，贾母的长子。他好色，平日不好生做官，整日在家和小老婆喝酒。他看上贾母的丫头鸳鸯，非要把她收为妾。由于鸳鸯的强烈反抗，贾母又不舍得，他才没有得逞。贾母不大喜欢他，这使他颇为不满。后因交通外官，仗势凌弱，被革去世职，发往边疆充军。

邢夫人，贾赦之妻。她秉性愚弱，只知奉承贾赦，家中一应大小事务，俱由贾赦摆布。出入银钱，一经她手，便被克扣异常，婪取财货。她得不到婆婆贾母的欢心，也没有当家的权力，她极为不满，一直伺机反扑。当她发现傻大姐拾得的五彩绣春囊时，便交给王夫人，引发了抄检大观园一事。

贾政，字存周，工部员外郎，贾母的次子。他是儒家统治思想的化身。儿子贾宝玉的叛逆思想使他大为不满，他曾亲自抡起大板子鞭笞宝玉。他无能又孤独，儿女亲属相聚谈笑，他一出现就会让大家敛声屏息，把场面弄得索然无味。当锦衣军来抄检贾府时，他也只会跺脚长叹而已。

王夫人，贾政之妻，王子腾之妹，与薛姨妈是亲姐妹。她不太爱说话，但深得贾母信任。她吃斋念佛，却虚伪残酷，因一句玩笑话，就把丫鬟金钏撵了出去，致使金钏投井身亡。因看不惯晴雯的狐媚样，她把晴雯撵出大观园，致使其当夜就悲惨地死去。因绣春囊事件，她授意抄检大观园。

贾珍，贾敬之子，世袭三品爵威烈将军。生活极度放纵，他虽有一妻二妾，但仍和儿媳秦可卿、妻妹尤二姐关系暧昧。后因作恶多端，被人参奏革去世职，派往海疆效力赎罪。

贾琏，贾赦之子。他住在叔父贾政家里，和妻子王熙凤帮着料理荣国府家务。他一味好色纵欲，女儿巧姐出天花时，他找“多姑娘”鬼混；妻子过生日宴会时，他把鲍二媳妇勾搭上手；见了尤二姐，他又贪图其美色，骗娶为二房。他还把父亲赏给他的丫鬟秋桐纳为妾。他和王熙凤同床异梦，是典型的纨绔子弟。

贾宝玉，贾政与王夫人的次子。他是封建叛逆者，厌恶封建社会的仕宦道路，尖刻地讽刺那些热衷于功名的人是“沽名钓誉之徒”“国贼禄鬼之流”。他一反“男尊女卑”的封建道德观念，和林黛玉真心相爱，互为知己，但在贾母等人的安排下，被迫娶薛宝钗为妻。婚后不久，他便出家当和尚去了。

林黛玉，金陵十二钗之一，林如海与贾敏的女儿。因双亲先后去世，外祖母怜其孤独，接来荣国府抚养。她寄人篱下，但生性孤傲，天真率直，和宝玉同为封建礼教的叛逆者。她蔑视功名权贵，和宝玉有着共同理想和志趣，真心相爱，但她的爱情被贾母等人残忍地扼杀了，最后泪尽而逝。

薛宝钗，金陵十二钗之一，薛姨妈的女儿。她容貌美丽，肌骨莹润，举止娴雅。她热衷于“仕途经济”，恪守封建妇德，而且城府颇深，能笼络人心，得到贾府上下的夸赞。在贾母、王夫人等人的一手操办下，她嫁与贾宝玉为妻。由于贾宝玉婚后不久即出家了，她只好独守空闺，抱恨终身。

贾元春，金陵十二钗之一，贾政与王夫人之长女。自幼由贾母教养。后因贤孝才德，选入宫作女史，封凤藻宫尚书，加封贤德妃。贾家为迎接她来省亲，特盖了一座省亲别墅。她省亲时说一句哭一句，把皇宫大内说成是“终无意趣”的“不得见人的去处”。后暴病而亡。

贾探春，金陵十二钗之一，贾政与妾赵姨娘所生。她精明能干，有心机，能决断，有“玫瑰花”之诨名。她的封建等级观念特别强，对生母赵姨娘轻蔑厌恶，冷酷无情。她对贾府面临的大厦将倾的危局颇有感触，理家时“兴利除弊”进行改革。最后远嫁他乡。

史湘云，金陵十二钗之一，贾母的侄孙女。虽为豪门千金，但从小父母双亡，由叔父史鼎抚养。她心直口快，开朗豪爽，爱淘气，在芦雪庵烧烤鹿肉吃，联诗时才思敏捷，宝玉生日时喝酒后醉卧芍药裀。她襟怀坦荡，从未把儿女私情略萦心上。婚后不久，丈夫即暴病而亡，她立志守寡终身。

妙玉，金陵十二钗之一，苏州人氏，祖上是读书仕宦人家。因自幼多病，入了空门。她极通文墨，极熟经典，模样又极好。她随师父到长安都中修行，师父圆寂后，被贾家请入栊翠庵带发修行。刘姥姥喝过的茶杯她嫌脏，却给宝玉自己日常用的绿玉斗。宝玉生日，她特地派人送去“遥叩芳辰”字帖。后贾府败落，她被贼人用迷魂香闷倒劫持而去。

贾迎春，金陵十二钗之一，为贾赦之妾所生，贾府的二小姐。她肌肤微丰，姿容秀丽，温柔沉默。虽没有才华，但心地善良。因性格懦弱，做人退让，有“二木头”的诨名。乳母偷拿了她的攒珠累丝金凤去赌钱，她明明有理，却甘愿吃亏，息事宁人。司棋被逐，她无能为力。最后嫁给孙家，受尽种种虐待，被折磨至死。

贾惜春，金陵十二钗之一，贾珍的妹妹。她一直在荣国府贾母身边长大。由于没有父母怜爱，养成了孤僻冷漠的性格，冷口冷心。抄检大观园时，她咬定牙，撵走毫无过错的丫鬟入画，对别人的流泪哀伤无动于衷。四大家族的没落命运，三个本家姐姐的不幸结局，使她产生了弃世的念头，后入栊翠庵为尼。

王熙凤，金陵十二钗之一，贾琏之妻，王夫人的内侄女。她精明强干，深得贾母和王夫人的信任，成为贾府的实际大管家。她协理宁国府，表现出了极强的治家本领。她极尽权术机变、残忍阴毒之能事，毒设相思局，弄权铁槛寺，借剑杀人逼死尤二姐。她极度贪婪，除了索取贿赂外，还靠着迟发公费月例放债。她的所作所为，加速了贾家的败落，最后落得个“机关算尽太聪明，反送了卿卿性命”的下场。

李纨，金陵十二钗之一，字宫裁，贾珠之妻，育有儿子贾兰。她出身金陵名宦，从小就受父亲“女子无才便是德”的教育。丈夫死后她一直守寡，虽处于膏粱锦绣之中，竟如槁木死灰一般，一概不闻不问，只知道抚养儿子，闲时陪侍小姑等女红、诵读而已。她是恪守封建礼法的贤女节妇的典型。

秦可卿，金陵十二钗之一，贾蓉之妻。她是营缮司郎中秦邦业从养生堂抱养的女儿，小名可儿，大名兼美。她长得袅娜纤巧，性格风流，行事又温柔和平，深得贾母等人的欢心。但公公贾珍与她关系暧昧，致使其年轻早夭。

香菱，薛蟠之妾，原名甄英莲，甄士隐的女儿。三岁那年元宵，在看社火花灯时被骗子拐走，十二三岁时，被薛蟠强买为妾，改名香菱。她生得袅娜纤巧，做人行事又温柔安静，夏金桂极为嫉妒她。香菱备受夏金桂的折磨，不仅名字被改为秋菱，还险遭谋害。薛蟠出狱后，把香菱扶了正，后难产而死。

晴雯，贾宝玉房里四大丫鬟之一。她长得风流灵巧，眉眼儿有些像林黛玉，口齿伶俐，掐尖要强，针线活尤好。她心比天高，身为下贱，天真任性，狂傲尖酸。晴雯撕扇，病补雀金裘。抄检大观园时，她当众把王善保家的痛骂一顿。她的反抗，遭到了残酷报复，被撵出了大观园，当夜便悲惨地死去。

袭人，贾宝玉房里四大丫鬟之首。原名珍珠，后宝玉为其更名“袭人”。她原系贾母丫鬟，后又服侍史湘云几年。她长得细挑身子，容长脸儿。她心地纯良，温顺谦恭，对人和气，恪尽职守。宝玉挨打后，她向王夫人进言，深得王夫人信赖，被提升为“准姨娘”。宝玉出家后，她嫁给蒋玉菡。

鸳鸯，贾母的大丫头。她长得蜂腰削肩，鸭蛋脸，乌油头发，高高的鼻子，两边腮上微微有几点雀斑。父母在南京为贾家看房子，哥哥是贾母房里的买办。贾赦看上她，非要纳她为妾，让邢夫人、鸳鸯的哥嫂来劝她、威逼她，但她坚决不从。贾母死后，她自知逃不过贾赦等人的玩弄，便悬梁自尽。

紫鹃，原名鹦哥，贾母房里的二等小丫头。林黛玉来后，贾母便把她给了黛玉，改名为紫鹃。她和黛玉关系很好，情同姐妹。她见黛玉是个孤儿，又和宝玉相爱，就劝黛玉趁老太太还硬朗作定大事要紧。她用话来试宝玉，使宝玉痴病大发。黛玉死后，她被派到宝玉屋里做丫头，后跟惜春出家。

芳官，原姓花，姑苏人氏，被贾家买来唱戏扮正旦的。戏班解散后成了宝玉的丫鬟。有一次，蕊官送她一些蔷薇硝，贾环见了也要，她不舍得，就把茉莉粉给了他，引发与赵姨娘的一场群殴。她聪明伶俐，王夫人却诬其为狐狸精，成天挑唆宝玉，把她撵出去。最后，她跟水月庵的智通出家了。

龄官，被贾家买来唱戏扮小旦的。她长得眉蹙春山，眼颦秋水，面薄腰纤，袅袅婷婷。元妃省亲时，她的演唱得到了元春的称赞。她和贾蔷相好，一日，她用金簪在地上一连画了几千个“蔷”字，把宝玉都看痴了。贾蔷花银子特意买了个会衔旗串戏的小鸟来，她想到自身，任情使性。后戏班解散，她离开贾府。

刘姥姥，王狗儿的岳母，是个久经世代的老寡妇。有一年秋尽冬初，家中冬事未办，她便想出一个办法到荣国府寻求帮助。她一进荣国府，王熙凤给了她二十两银子。收获季节，她便送些瓜果菜蔬来谢，被贾母得知，留下做了几天客。她朴实善良，脾气随和，被王熙凤等人捉弄也不气恼。贾府败落后，巧姐要被狠舅奸兄骗卖时，她义救巧姐。

1.《红楼梦》中，空空道人担心石头上的故事“世人不爱看”，因为故事写的不过是“几个异样女子，或情或痴，或小才微善”。“小才微善”的意思是，有点小才情、小长处。你是否同意用“小才微善”来评价宝钗、探春和王熙凤呢？请从三人中任选一人，结合原著内容，说明理由。

【题解】

选定一人表明态度，结合原著内容分析人物之“才（善）”，辨析“才（善）”之大小。

【答案】

示例一：我同意用“小才微善”来评价宝钗。“小才微善”指有小才情、小长处。宝钗有用咏螃蟹来讽世人的才情，但她的诗终究如她这个人一样被禁锢在礼教的端庄中，如她写的“珍重芳姿昼掩门”，所以她的才情是小才情。宝钗理家时可以“小惠全大体”，用承包大观园项目的小恩惠来收拢人心，但她看不到贾府的罪恶与倾颓，最终嫁给宝玉后独守空房，拯救不了自己也拯救不了贾府的命运，故她理家处世的长处是小长处，因此是“小才微善”。

示例二：我不同意用“小才微善”来评价宝钗。说几个女子“小才微善”，是曹雪芹故意为之，以此反映当时社会对女性的一般看法，实则不然。宝钗，博学多闻，为宝玉介绍戏文，替惜春开列画具；诗才不凡，所作螃蟹咏、柳絮词令人称赏；运筹帷幄，人情练达，以儒家“义利观”指导大观园改革。可见宝钗实为难得的全才，故以“小才微善”来评价不够恰当。

示例三：我同意用“小才微善”来评价探春。探春理家时对贾府的改革，固然有些令人刮目相看的地方，但到底是修修补补，不能从根本上解决贾府倾颓的大问题。至于探春倡议建立的海棠诗社，亦不过是几个贵族女子抒发情绪的文字娱乐而已，并无什么宏才大略之举。而探春对庶出身份的忌惮，对生母赵姨娘、胞弟贾环的冷漠，都说明了她的势利和格局之小。

示例四：我不同意用“小才微善”来评价探春。首先，探春有理家之才，她为大观园改革，兴利除弊，节省不必要的开支。其次，探春“出淤泥而不染”，她的生母和弟弟都品行恶劣，她却为人正直，做事有自己的原则。舅舅死了，探春思虑周密不违旧例，在抄检大观园时率先意识到贾府的衰败趋势并耿直明言。因此我认为探春是一个身怀大才、长处颇多的姑娘，不应用“小才微善”来评价。

示例五：我同意用“小才微善”来评价王熙凤。她有小才情、小长处，管家有方，协理宁国府治丧井井有条，无人不服；为人泼辣爽利，人情世故玲珑，讨贾母喜欢，阖府无人敢说她的不是。但她无远见大才、经世之能，掌管月例钱便去放高利贷，戏弄贾瑞使其染病，又不给人参使其病死，因小利便拆散守备之子的姻缘，致使二人殉情自尽。不辨义利，贪小利而无大略，刻薄寡恩，格局狭小，不过是小才微善。

示例六：我不同意用“小才微善”来评价王熙凤。王熙凤治理贾府之才甚至胜过当时许多男子，例如协理宁国府一段中，她就为混乱已久的宁府制定了高效、易行的条令整顿秩序，令用人们各行其分，明确了规矩的威力。这种气魄和执行力并非“小才”能比，从企业的条约，到国家的立法，都需要王熙凤这种解决问题的能力和条理井然的思维。

2.《红楼梦》第二回，作者借贾雨村之口谈到世人多是秉承“正邪两赋”之人。请结合原著，从贾宝玉、贾探春、贾迎春、林黛玉、王熙凤等人中任选一个，谈谈你对这一人物形象的理解。

【题解】

合理解读“正邪两赋”的含义，选择某一个人物，也可以是题干中没有明确提到的人物，结合原著举例，叙述清楚，并进行阐述分析。

【答案】

示例一：我选择贾宝玉。所谓“正邪两赋”，是指一个人身上既有宝贵的一面又有顽劣的一面。贾宝玉是贾府的贵公子，自幼与姐妹生活，理解女孩子们的心思，也欣赏女性的才华，认为“女儿是水作的骨肉”，并愿意为众多女性做事，体现了他尊重、爱护、欣赏女性的一面，这是他的“正”；而贾宝玉自幼受环境影响，背离时代价值追求，只知与女儿们嬉闹，如调戏金钏儿被王夫人发现后一跑了之，让金钏儿因羞愤投井自杀，则是其“邪”的体现。因此，贾宝玉是个“正邪两赋”之人。

示例二：我选择林黛玉。所谓“正邪两赋”，是指一个人身上既有优点又有缺点。首先，黛玉真诚、善良、乐于助人。当香菱找到她要学写诗时，她很痛快地答应了，并做起了香菱的师傅，耐心指导和帮助，这是她身上“正”的体现。同时，自幼寄人篱下的生长环境导致她孤高自许，目下无尘，致使她最后得罪了很多人。周瑞家的送宫花时，她说“不是别人挑剩的，也不会给我”，尖刻小性，则是她身上“邪”的一面。可见，黛玉就是一个“正邪两赋”之人。

示例三：我选择王熙凤。“正邪两赋”是指一个人既有好的一面，也有坏的一面。当遇到前来寻求帮助的刘姥姥时，王熙凤相当大方地给了她帮助，并给了二十两银子，还送了一吊钱让她雇车回家，这是她的善心所在。惜老爱贫，心存善良，有义气，是她的“正”。但王熙凤贪得无厌，在“弄权铁槛寺”一回中，她为了三千两银子害死了两条人命，这是她的“邪”。所以，王熙凤是个“正邪两赋”之人。

示例四：我选择薛宝钗。“正邪两赋”是指一个人兼有美丑两个方面的审美特征。薛宝钗的“正”在于她行为举止大方端庄，有极高的个人修养和治家的才能。曾与探春、李纨一起代理荣国府，对待下人的体恤与高情商，使她在府中有极佳的口碑。但城府深，对人对事非常冷漠，则是她不好即“邪”的一面。在金钏儿投井之后，她竟说出“死不足惜”的话去安慰王夫人，缺乏同情怜悯之心。因此，薛宝钗是个“正邪两赋”之人。

3. 在《红楼梦》第二回中，贾雨村提到林黛玉，说他这位学生“言语举止另是一样，不与凡女子相同”，请结合《红楼梦》中相关具体内容谈谈你的理解。

【题解】

明确“不与凡女子相同”的意思，结合相关具体内容谈理解。

【答案】

示例一：这句话是说黛玉的行为举止与普通女子不同，有她自己的特色。

黛玉性情多娇，易触景伤情，感时伤人，这是她与众不同的地方。黛玉看到花儿飘落，便不由得感花伤己，心生难过之情，竟一面呜咽，一面低吟着《葬花吟》葬花。这样的黛玉与她自身家世有关，从小父母死得早，住进贾府也需步步小心，且她本是“绛珠仙草”转世，来还泪的。这注定使她成为多愁善感的代表。

示例二：《红楼梦》中，黛玉自幼读书识字，既读过“四书”等经典，也读过大量诗词，出口成章，才华横溢，所作《秋窗风雨夕》《桃花行》等诗皆不落俗套，与凡女子不同。黛玉才华超凡，与古代“女子无才便是德”的观念形成反差，是有违封建礼教的，这也体现了作者的理想主义色彩和对古时女子命运的同情。黛玉的形象成为才华横溢、具有一定反抗性的象征。

示例三：《红楼梦》中，林黛玉可谓超凡脱俗，不与其他凡女子相同。她在暮春之时肩上担着花锄，上挂着花囊，手内拿着花帚，埋葬落花，整个葬花之举极其浪漫凄美。她还劝宝玉把花一并埋入花冢，以免投入池中的落花流出去后再被玷污。一曲《葬花吟》，更是直白地抒发黛玉孤寂敏感的伤春怀己之心，抒发了她不甘业身污浊、洁身自好甚至“宁为玉碎”的高洁追求。浪漫、痴情、敏感的举止言行使她化身为“美”的代表，与其他女子便有天壤之别。

4.《红楼梦》第三回“宝黛初会”时，宝玉有一个摔玉的举动。他摔玉的原因是什么？表明了他怎样的性格特征？

【题解】

分析宝玉摔玉的原因，把握其性格特征。

【答案】

原因：家里姐姐妹妹都没有，来了一个神仙似的妹妹也没有，可见这不是个好东西。

性格特征：平等思想，率直任性。

5.《红楼梦》第三回“托内兄如海酬训教，接外孙贾母惜孤女”中，以两首《西江月》批贾宝玉。其中“有时似傻如狂”，有的版本作“有时似俊如狂”。你认为哪句更符合你对贾宝玉的认识？请举例说明理由。

【题解】

从版本的角度探讨贾宝玉的性情，明确笔法的运用。

【答案】

示例一：“有时似傻如狂”更符合。理由：“似傻”是以世俗的功利眼光来评价宝玉的独立不羁、个性解放。例如，他尊重爱护女性，甚至是丫鬟，这在旁人看来似乎是“傻”。这是用“明贬暗褒”的笔法刻画宝玉。

示例二：“有时似俊如狂”更符合。理由：“俊”意为“聪明”，“似俊”是指按照封建正统观念看，宝玉好像异常聪慧有才华，但他却不肯“读书上进”，这是“似乎聪明”，实则极傻。这是用“明褒暗贬”的笔法刻画宝玉。

6. 有学者评价说，《红楼梦》中的贾宝玉“亦石亦玉”，“说他只是石头吧，他又有玉的灵性之美；说他纯是美玉吧，他有时又像石头一样顽劣粗蠢”。请结合小说中的相关情节，谈谈你对贾宝玉形象中“玉性”与“石性”的理解。

【题解】

弄清楚“玉性”与“石性”的内涵，并结合相关的情节进行分析。

玉性

思想超前。第二回：“女儿是水作的骨肉，男人是泥作的骨肉”；第十九回：背前背后，乱说那些混话，读书上进的人你就起个名字，叫作“禄蠹”，又说只除“明明德”外无书；第三十二回：“姑娘，请别的姊妹屋里坐坐，我这里仔细肮脏了你知经济学问的。”

卓有才识。第十七回：大观园试才题对额，宝玉批评众清客题咏不当，非议长辈，认为稻香村构筑穿凿、失却天然等。

泛爱忘己。第三十回：龄官划蔷痴及局外；第三十五回：白玉钏亲尝莲叶羹。

用情至深。第三十二回：诉肺腑心迷活宝玉；第五十七回：慧紫鹃情辞试忙玉。

天真善感。第三十五回："时常没人在跟前，就自哭自笑的；看见燕子，就和燕子说话；河里看见了鱼，就和鱼说话；见了星星月亮，不是长吁短叹，就是咕咕哝哝的。"

石性

纨绔习气。如第八回斥茜雪；第三十回伤袭人；第三十回、第三十二回累金钏儿等。

冒失莽撞。几次摔玉，不计后果。

幼稚不敏。第六十二回：黛玉说贾府"若不省俭，必致后手不接"，宝玉笑道："凭他怎么后手不接，也短不了咱们两个人的。"

【答案】

示例一："玉性"指宝玉身上展现出的美好品质和可贵精神。例如，他见龄官在地上画"蔷"字时忽然下雨，就赶紧喊她避雨，一时竟忘了自己也在雨里。能对一个面生的女孩儿如此关怀爱护，于一个封建社会的贵族公子而言是难能可贵的。但是，宝玉身上偶尔也会流露出纨绔子弟的恶劣习气。比如，他冒雨赶回怡红院后，只因丫鬟开门晚了便勃然大怒，一脚把袭人踹倒在地。此时便没有了先前对龄官的呵护体贴，表现出他"石性"的一面。

示例二："玉性"指宝玉身上超越时代的可贵品质，但也正因超越时代，不被当时的主流观念理解和认可，所以在一些人眼里便成了"石性"，即离经叛道、呆愣愚笨。比如，宝玉挨打后，两位嬷嬷前来探望，正巧丫鬟玉钏儿不慎把汤洒到了宝玉手上，宝玉不顾自己，反问玉钏儿烫到没有。这样的体贴恰是宝玉不以尊卑为意、珍视怜惜女孩儿的体现，但在嬷嬷们看来却是"里头糊涂""有些呆气""一点儿刚性也没有"，不像个世家公子，因此嘲笑他。

7. 有评论者认为，贾宝玉的叛逆性表现在他对少女们的同情、尊重和一往情深。请从原著中分别举出具体情节，加以印证。

【题解】

列举出三个具体的情节，分别印证贾宝玉对少女们的同情、尊重和一往情深是其叛逆性的表现。

【答案】

示例：同情：凤姐庆生那天，宝玉与茗烟偷偷溜出去，穿着素衣到水仙庵祭拜金钏，表现了他对金钏的同情。尊重：宝玉知玉钏为姐姐金钏之死丧谤却不生气，还故意骗玉钏尝一口莲叶羹，在互让过程中，玉钏不慎被烫。宝玉虽为主子，却先关心身为丫头的玉钏，表现了宝玉对玉钏的尊重。一往情深：晴雯死后，宝玉非常伤心，在一个晚上，备了四样晴雯所喜之物，作《芙蓉女儿诔》进行祭奠，表现了他的一往情深。宝玉的上述行为表现了其对少女们的情感，但不符合封建礼仪，体现了其不受礼教束缚的叛逆性格。

8. “多情公子”贾宝玉身上最可贵的品质是“共情”，体贴他人、理解他人，能为他人考虑。请举出原著中的一个具体情节，简要说明。

【题解】

首先明确“共情”的内涵，再结合一个具体情节简要分析说明。

共情事例：黛玉葬花、龄官画蔷、晴雯撕扇、平儿理妆、宝玉瞒赃、香菱斗草等情节都能体现这一点。

【答案】

示例一：贾宝玉的“共情”体现在他对龄官的关心体贴上。龄官在蔷薇花架下画蔷，一遍又一遍，一边画蔷，一边流泪，宝玉心思都在画蔷的龄官身上，直到下雨，他急忙提醒龄官去避雨，竟忘了自己也没有遮雨的工具。宝玉同样有痴心，十分理解龄官的痴心，对这样一个不知姓名的女子都能关爱，更能体现出他的“共情”。

示例二：贾宝玉的“共情”体现在他对香菱的帮扶上。香菱和小丫头们斗百草，被小丫头们使促狭，污了她的新石榴裙，宝玉见状，便出主意让袭人把自己的裙子拿给她。宝玉可以站在香菱的立场上想问题，他明白香菱的处境，并主动为其排忧解难，体现出他的“共情”。

9.《红楼梦》第五回中，贾宝玉梦游“太虚幻境”，翻看副册时，只见画着一株桂花，下面有一池沼，其中水涸泥干，莲枯藕败，后面书云：根并荷花一茎香，平生遭际实堪伤。自从两地生孤木，致使香魂返故乡。大家知道这道判词说的是谁吗？根据是什么？

【题解】

关于香菱的画册和判词。

【答案】

香菱。诗的第一句荷花结菱，扣住了“香菱”的名字，第二句写了她自幼被拐又遭薛蟠霸占的遭遇，三、四句写了她早亡的悲惨命运。

10. 香菱是《红楼梦》中第一个出场的女性人物，也是大观园中最命苦的人。脂砚斋评判香菱：“幼年罹祸，命运乖蹇。”请结合原著内容，简要谈谈你对香菱“命运乖蹇”的理解，以及作者写这样一个人物的用意。

【题解】

脂砚斋评批：“细想香菱之为人也，根基不让迎探，容貌不让凤秦，端雅不让纨钗，风流不让湘黛，贤惠不让袭平，所惜者幼年罹祸，命运乖蹇，致为侧室。”所谓“命运乖蹇”就是事事不顺遂、命运不好的意思。

《红楼梦》涉及香菱最重要的回目是：第一回、第四回、第四十八回、第六十二回、第八十回。主要情节是：香菱被拐、香菱被卖、香菱学诗、香菱斗草、香菱被虐。

与香菱有关的关键词是：有命无运、累及爹娘、命途多舛、随遇而安、温柔安静、娇憨天真、聪明俊秀、得人怜爱、善良正派、勤奋执着等。

【答案】

“命运乖蹇”指香菱一生事事不顺遂，命运不好。如：①出身姑苏乡宦家庭，元宵佳节，在看社火花灯时因家奴霍启看护不当而被拐子拐走；②养大后原是卖给金陵公子冯渊，中途却被薛蟠抢回去做小妾；③薛蟠娶夏金桂后，香菱被改名叫秋菱，饱受虐待；④薛蟠出狱后，香菱扶正，却因难产而死。一桩桩一件件都可以看出香菱的“命运乖蹇”。

用意：香菱是一个命运悲惨的人物，她苍凉、乖蹇，有不幸的人生遭际，是对大观园里那些姑娘命运的一种隐晦暗示。作者对香菱这个人物充满怜惜、同情之情，却又感到无奈、悲苦。

11. 阅读《红楼梦》判词一则，回答问题。

凡鸟偏从末世来，都知爱慕此生才。一从二令三人木，哭向金陵事更哀。

这是哪个人物的判词？请从原著中举出一个具体情节，对该人物某一方面的“才”加以解说。

【题解】

这是关于王熙凤的判词。王熙凤的“才”，包括管家之才、识人之才、处世之才（人际交往能力）等。对相关情节概述要准确到位，分析评价恰切合理。

【答案】

王熙凤。

示例一：王熙凤具有管家之才。在协理宁国府的时候，她首先发现了宁国府风俗中的种种弊端，做出了一系列安排并提出要求。凤姐威重令行，对误了事的人严厉惩治，让众人领教了她的厉害，宁国府内的混乱局面立刻好转。凤姐的干练泼辣以及管理手腕，表现了她的管家之才非同一般。

示例二：王熙凤具有识人之才。探春理家的改革举动甚至拿她开刀，面对这些，王熙凤不但不恼怒，还对探春做出了高度的评价，“她虽是姑娘家，心里却事事明白，不过是言语谨慎；她又比我知书识字，更利害一层了。”凤姐能看到他人的能力并予以认可，尤其对知书识字之人的敬畏，更可看出她的眼光和境界。凤姐对探春毫不掩饰的赞赏与肯定，表现了她的识人之才。

示例三：王熙凤具有处世之才。一日，探春提出让凤姐到诗社做个监社御史，王熙凤明眼看出众人是想出个法子来跟她要钱，并且深知如果不同意会得罪大家，“我不入社花几个钱，不成了大观园的反叛了”，于是答应下来，提供了银子，还提供了画具。面对有可能激起的矛盾，王熙凤得体地做了处理，表现了她极强的人际交往能力。

12.《金陵十二钗图册判词》评价贾探春是“才自精明志自高”，评价王熙凤是“都知爱慕此生才”。请各用一个词语评价二人的理家之才，并说出依据。

【题解】

关于贾探春的评价，如：敏，兴利除弊，雷厉风行，义不避亲等；关于王熙凤的评价，如：严厉，独断，令行禁止，假公济私等。分别写出与评价的词语准确对应的情节。

【答案】

示例：（1）贾探春。关于贾探春的评价是兴利除弊。探春对大观园进行改革办了三件大事：第一件，取消宝玉、贾环、贾兰三人上学的点心、纸笔月银。该项是以上学为名的开支，实际上津贴归了袭人、李纨和赵姨娘。第二件，把各位姑娘购置头油脂粉的二两月例银子取消了，因各位姑娘每月各有其月例银子，此项开支是重复的。第三件，由专人承包管理大观园，除给姑娘的头油、脂粉、花瓶、鸟食等外，各自享有剩下的盈余。可见探春兴利除弊的理家才能。

（2）王熙凤。关于王熙凤的评价是令行禁止。王熙凤协理宁国府时，针对宁国府的种种弊端做出了一系列安排并提出要求，声称“既托了我，我就说不得要讨你们嫌了。……如今可要依着我行。错我半点儿，管不得谁是有脸的，谁是没脸的，一例现清白处治。”一日，有一迎送亲客的人未按时点卯来得迟了，凤姐登时放下脸来，喝命带出，打二十板子，一面又掷下宁国府对牌出去，说与来升，革他一月银米。凤姐威重令行，宁国府内的混乱局面立刻好转。

13. 对《红楼梦》中的王熙凤，有众多评价。其中脂砚斋对王熙凤的评价较为全面，既赞“凤姐无私”，也言其“可怕可畏”，又贬其“奸酸刻薄”，还评其“极不义气”，更称其为“贾宅第一罪人”。请任选其中一种评价，结合原著内容谈谈你的看法。

【题解】

弄清脂砚斋评价的内涵。脂砚斋的评价是全面的，题目要求只选取一种评价谈看法，不必面面俱到。内涵解读如下：

无私：没有私心。如执法无私、母爱无私、做事无私。

可怕可畏：让人害怕，又让人敬畏。

奸酸刻薄：虚伪诡诈、冷酷无情、过分苛求。

极不义气：义气，指由于私人关系而甘于承担风险或牺牲自己利益的气概。极不义气，则恰恰相反。

【答案】

示例一：评价王熙凤无私是有道理的。秦可卿死后，宁国府无人能担起操办丧事的担子，王熙凤不畏困难，答应贾珍请求，协理宁国府，整治丧事，不偏于喜恶，确立规矩，秉公办事，将宁国府无头绪、荒乱、推托、偷闲、窃取等弊端，短时内一概都解决了。王熙凤因无私而能更好地施展才华，因而评王熙凤无私是有道理的。

示例二：评王熙凤为“贾宅第一罪人”不恰当。脂砚斋评王熙凤为“贾宅第一罪人”主要是因其使各种狠毒手段阻止贾琏娶尤二姐，不顾贾家香火延续。虽然王熙凤阻止贾琏娶尤二姐一事的确表现出了女性的嫉妒、自私和狠毒，是一大罪责，但因此就断定她为“贾宅第一罪人”是不恰当的。贾府真正的“第一罪人”绝非某个个体，而是穷奢极侈、吃喝玩乐、养尊处优、声色犬马的府中掌权者，是不思进取、坐吃山空，一代不如一代的子孙，是滥用职权、损公肥私、离心离德的贾家上下。将所有人的罪责归于王熙凤是不公平、不恰当的。

14. 第五回红楼梦曲《乐中悲》中写到，史湘云“幸生来，英豪阔大宽宏量”，“好一似，霁月光风耀玉堂”。请结合原著中的具体情节印证上述内容。

【题解】

“上述内容”指的是两句话，不是单指一句，切忌只抓一点不及其余。做好对《乐中悲》中两个句子的解读，并举例印证。

【答案】

“幸生来，英豪阔大宽宏量”是指湘云心性豪爽。如：与宝玉、平儿等在芦雪庵烧鹿肉，挥拳拇战、大块吃肉、大口喝酒；在宝玉生日宴时，喝醉酒后在园子里的青板石凳上睡觉（醉卧芍药裀）等都表现出了她的心性豪爽。（或：身着男装，大说大笑不拘小节；劝宝玉走仕途经济，被斥为混账话，但她也没放在心上。）

“好一似，霁月光风耀玉堂”喻指湘云胸怀光明磊落。如她为邢岫烟打抱不平，要找欺负邢岫烟的丫头、婆子算账，颇具侠女风范，体现了她的光明磊落。（或：心直口快，说小旦像黛玉，不怕得罪黛玉和宝玉；即使自己经济拮据，也慷慨大方地要求做东。）

15. 有关袭人的评价，历来有争议。清代涂瀛评价：“袭人者，奸之近人情者也。”与此截然相反，脂砚斋对第二十一回回目中“贤袭人娇嗔箴宝玉”，直接批注为“当得起”。袭人是“奸”是“贤”，你如何看？请用至少两个事例加以阐释。

【题解】

解释“奸”或“贤”，举出至少两个事例并阐释。

【答案】

示例一：我认为袭人是“奸”。“奸”字主要体现在袭人有心机、有私心上。袭人怕劝说宝玉他不听，就哄骗宝玉说其母、兄要赎她回家，宝玉十分着急，袭人趁机向宝玉提了三点要求，真的是有心机。宝玉挨打后，她向王夫人进言好好管教宝玉，并建议为防不测而搬出园子来。这为抄检大观园晴雯被逐埋下了伏笔，袭人是晴雯被逐的幕后阴谋者，可见其老于世故，心机深重。

示例二：我认为袭人是“贤”。“贤”字主要体现在袭人的贤惠、体贴、善良、包容上。被雨淋湿的宝玉误踢了袭人之后，袭人怕宝玉担心，反而忍着疼痛安慰宝玉，体现了她的贤惠体贴。宝玉与晴雯吵架时，袭人劝解晴雯反被嘲讽，但她没说什么，还依旧替晴雯向宝玉求情，体现了她的善良包容。

16.《红楼梦》第二十二回中，林黛玉曾用贾宝玉的名字开玩笑地诘问他：“宝玉，我问你：至贵者宝，至坚者玉。尔有何贵？尔有何坚？”请依据原著，谈谈你对宝玉的“贵”与“坚”的理解。

【题解】

谈对宝玉“贵”与“坚”的理解，结合原著进行分析阐释。

基本内涵如下：

贵：身份地位的尊贵，性格、追求上的可贵。如，善良率直的本性，对真善美的追求；反对封建礼教，追求平等博爱；厌恶仕途经济，追求自由理想；尊重崇拜女性；追求爱情自由等。

坚：对黛玉爱情的坚贞，对自己所追求的理想或精神的坚守等。

在宝玉的思想里，世界上的一切众生，都是平等无二的，思想情感非常宝贵。晴雯、袭人、黛玉、宝钗等，她们每个人都有自己的价值，宝玉始终坚持这一看法，在语言、行为上也始终如一，可谓坚。

【答案】

示例一：宝玉的“贵”体现在他独特而珍贵的思想价值取向上。当时的社会以科举做官为潮流，八股取士使文学发展被僵化固定住。宝玉大胆地不肯读书入仕，鄙视仕途经济，只愿作诗、读杂书。这体现了他超前的思维观念与反叛精神。宝玉的“坚”体现在他坚定不移地、倔强地用情至深上。纵使他欣赏喜爱每一个年轻女性，但独爱黛玉成痴，紫鹃骗他黛玉要回姑苏老家，他便痴病发作，连命都要搭进去。在“调包计”黛玉死后，他的病情更重，最终悬崖撒手，遁入空门。这些都体现出他在情感上的坚贞不渝、用情专一。

示例二：宝玉之“贵”在于他的超越性。对女儿水做的灵气与清洁的追求，是性别的超越；对秦钟、柳湘莲的“高士之气”的珍惜，是阶级的超越；对黛玉《葬花吟》的不觉恸倒，是生死的超越。宝玉之“坚”在于他的不改初心。身处封建礼教大背景下被寄予家族厚望，他仍坚定地反抗着仕途经济，追寻着人文理想，纵然于外人看来似痴似狂，他却不移矢志。宝玉者，正是至“贵”至“坚”的统一。

示例三：“贵”指宝玉不世俗、不执着于荣华富贵的澄净之心。从贾政、宝钗等人几次三番劝他好好读书、求仕做官，袭人也拿自己离开贾府劝说他来看，他对官场荣华并无贪恋，同时从他与蒋玉菡的友情，对家中姐妹的尊重疼爱，也能看出他以平等之心待人，这在那个封建传统的时代实属可贵。“坚”则指他在世俗红尘中不被同化，一直坚守自己的赤子之心。从始至终，宝玉都爱着黛玉，即使宝钗嫁他，他最终也遁入空门，出家云游。宝玉之坚，可窥于此。

示例四：宝玉至贵于“情”，至坚于“道”。其贵于“情”，贵于无差别平等之情。晴雯撕扇，同为晴雯而笑，此为上下平等之情；心于黛玉而身于宝钗，一知己一婚姻，此为内外平等之情；于画中之女雪中之人，为其感伤，此为人物平等之情。而观《红楼梦》一书，或上下而斗，或闺秀之争，或念宝玉之痴傻。此“情”足以言贵。其坚于“道”，非志学入仕之道，而是叛逆世俗之道。观其府上，乃至社会，莫若言“四书”之珍贵，皆劝其入官场，然其抵抗之意，在逐湘云出屋，在骂名仕之徒，此叛逆于腐化，何不言“坚”。

17.《红楼梦》第二十二回“听曲文宝玉悟禅机，制灯谜贾政悲谶语”讲述了贾府上下在上元节制灯谜、猜谜语的故事。其中“更香”（古代用于计时的一种香）的谜面有这样四句诗：

焦首朝朝还暮暮，煎心日日复年年。光阴荏苒须当惜，风雨阴晴任变迁。

在曹雪芹的构思里，每个谜语都象征着制谜人的性格，暗示了其命运。“更香”这个谜语在小说中是谁出的，不同版本存在争议，一说是薛宝钗，一说是林黛玉。请谈谈你的看法，并结合具体情节简要分析。

【题解】

第二十二回是未成章回，当初是暂记宝钗制谜，后被补充完整，通行的版本作薛宝钗，据说也有的版本作林黛玉。

整首诗作及阐释如下：

朝罢谁携两袖烟？琴边衾里总无缘。

晓筹不用鸡人报，五夜无烦侍女添。

焦首朝朝还暮暮，煎心日日复年年。

光阴荏苒须当惜，风雨阴晴任变迁。

——谜底：更香（出自《红楼梦》第二十二回）

“朝罢”句，从杜甫《和贾至早朝至大明宫》中“朝罢香烟携满袖”句化出，暗喻荣华过后，两手空空之意。

“琴边”句，意谓更香与弹琴时的鼎炉之香和熏被褥之香均无关，寓意宝钗同琴瑟和谐的夫妻生活终究是没有缘分的。

“晓筹”：代指早晨的时刻。“筹”：这里指古代计时用的竹筹或铜筹。

“鸡人”：古代宫中头戴“绛帻”（红布头巾，象征雄鸡鸡冠）专职司晨报晓的卫士。

“五夜”：即五更。

“焦首”二句：以香从头上点燃和由外向内燃烧的情状，喻人苦恼忧煎的生活。

“荏苒”：时间渐渐过去的样子。

更香：古时为夜间打更制造的一种线香，每燃完一支恰是一更，故称更香。

作答思路：首先表明观点，然后结合诗句分析制谜人的性格特点和命运特征，并结合小说情节加以印证。

【答案】

示例一：我认为这个谜语是薛宝钗所出。首先，更香年年岁岁早晚受焦首煎心之苦，暗示了宝钗未来嫁与宝玉，二人却貌合神离，最终宝钗独守空房，日夜受离愁及孤独之苦煎熬的凄凉结局。同时，谜面述更香任凭风雨变迁阴晴变化而不离其职，不卒其德，珍惜分分秒秒，恰象征着宝钗淡定从容的性格，以及她可贵的“停机德”——对礼教和德行的维护、坚持。

示例二：我认为制谜人是林黛玉。诗句中写更香焦首，从日出到日落，心里的煎熬却年复一年，暗示了其寄人篱下孤苦无依的悲惨命运。最后一句写不管外界的风雨如何变化，“任”字表现林黛玉孤高自许、目下无尘的性格特点。例如，贾宝玉把北静王爷送的手串转送给林黛玉，林黛玉却说什么臭男人用过的东西，便把手串扔在一边。

18. 有人说，贾政谐音“假正”，即“贾政就是假正经”，你是否认同这种说法？请结合原著内容谈谈你的看法。

【题解】

表明态度，结合原著内容谈看法。

【答案】

示例一：认同。①贾政总在赵姨娘处歇卧，说明他生活不检点；②他只会端父亲的架子，呵斥儿子，却不懂得如何教育儿子，说明他只是封建纲常教条的执行者；③他喜欢结交清客，可这些人并没有真正的品行和才学，说明他也没有学到儒家的正经，不过是附庸风雅。因此，“贾政是假正经”的说法是有道理的。

示例二：不认同。①贾政和贾府中其他男性相比，最有克制力，生活相对检点；②贾政平时专攻道德文章，不理俗务，交往文士，是典型的儒家读书人做派；③贾政并不迂腐，对于宝黛的笔墨趣味不但欣赏，还能加以采用；④在思想层面，他是封建纲常礼教的信徒，把显亲扬名视为正业，主动和年少轻狂的过去告别。因此，“贾政是假正经”的说法不合适。

19.《红楼梦》第二十九回中，贾母认为贾宝玉、林黛玉“不是冤家不聚头”。你如何看待贾宝玉、林黛玉二人的关系？请结合《红楼梦》中的两个具体情节，简要分析。

【题解】

明确贾母话的意思，同意或不同意其看法（不同意者应提出自己的看法），举出与看法相关的两个具体情节，分析其体现出的“关系”，证明看法。

主要涉及的回目是第二十八回“蒋玉菡情赠茜香罗，薛宝钗羞笼红麝串”和第二十九回“享福人福深还祷福，痴情女情重愈斟情”。具体内容包括：元妃赏发端午节礼，宝、钗同等，黛玉提及“金玉”，宝玉起誓；宝钗羞笼红麝串，黛玉笑宝玉呆雁；清虚观打醮说姻缘，宝玉笑留金麒麟，黛玉不稀罕；黛玉回家中暑，让宝玉去看戏，宝玉因道士提亲兼恼黛玉不了解自己，二人金玉之说惹口角，砸玉、呕药、剪穗。

【答案】

示例一：我认为宝玉与黛玉二人是一对冤家也是知己，相爱却也会因此发生矛盾误会。一次宝黛二人因金玉之说起了争执，宝玉恼黛玉不相信自己，黛玉一气之下将穗子都剪了，二人之间产生误会与矛盾，宝玉砸了玉，黛玉大哭一场，后经调解才和解；在宝钗生日宴后，湘云笑说一个戏子与黛玉模样相近，宝玉使眼色让湘云别说，被黛玉看到，二人产生矛盾、误会。二人是因为相爱、相互在意彼此的想法和行为，反倒会发生一系列误会，成为欢喜冤家，二人是知己是爱人。

示例二：“不是冤家不聚头”指二人有缘。我认为贾宝玉和林黛玉既是有相同品味、志趣相投的人，同时也是相互知心知底的知音。在湘云等人劝宝玉读书考取功名时，宝玉说出“林妹妹不说这样混账话”，此时门外的黛玉听到了，感动不已，这体现了二人都从内心反对封建礼教对人的束缚而去追求真善美，因此二人志趣相投；在宝玉挨打后，他托晴雯给黛玉送去两条旧手帕子，黛玉看后便知宝玉心意，因此二人心有灵犀，知心知底。

20. 有人说，“金玉良缘”中的“金”指金麒麟，宝玉应该与史湘云成婚。你同意这种观点吗？为什么？

【题解】

从“金”入手，对“金玉良缘”进行新的解读与探究。

【答案】

示例一：同意。小说第三十一回中有“因麒麟伏白首双星”之言，回目正文写到宝玉有一雄麒麟，湘云则有一雌麒麟，宝玉丢了麒麟，湘云还少有地将捡到的麒麟藏起，默不作声。这些都是伏后文宝玉与湘云的关系。据说旧时有一真本，写道：宝钗死后，宝玉无以为家，至沦为击柝之流；史湘云则为乞丐，后乃与宝玉结成夫妇。可见金麒麟与宝玉婚配有关。

示例二：不同意。金麒麟非神话仙界之物，不能与通灵宝玉相配；金玉良缘明指一金一玉，金麒麟却是一阴一阳的二金配；与宝玉发生婚恋关系的正册女儿有宝钗、黛玉、妙玉，她们的名字分别占了“宝”“玉”二字，湘云的名字却不具备这个特点；湘云的曲子点明她一生只有一段姻缘，不会再嫁宝玉；黛玉话中带刺，但嘲讽的对象常常是宝钗，而不是湘云。足见金麒麟与宝玉婚配无关。

21.《红楼梦》第三十八回中，看了十二个咏菊的诗题之后，探春感慨说：“竟没有人作《簪菊》。”于是她在《簪菊》题下作了一首，诗中写道：“瓶供篱栽日日忙，折来休认镜中妆。长安公子因花癖，彭泽先生是酒狂。短鬓冷沾三径露，葛巾香染九秋霜。高情不入时人眼，拍手凭他笑路旁。”

这首《簪菊》体现出探春怎样的个性气质？请结合原著内容简要分析。

【题解】

重点解说吟咏对象与诗情，可以不提及选材特点。点明人物与诗情契合的个性气质。可结合判词、身世或才干稍加分析。

【答案】

示例：这首诗作选材独特，不吟咏女子对镜簪菊的日常生活，而是吟咏高人隐士不惧俗世的雅致情怀，体现出探春豪爽豁达、高傲脱俗的个性气质。探春贵为贾府小姐却并非嫡出，因而才高气傲、藐视世俗，追求朴而不俗。

22. 小说中，人物和环境两个要素联系紧密，典型环境塑造典型人物。请你结合原著内容谈一谈《红楼梦》中秋爽斋的室内布置与贾探春的性格有什么关系。

【题解】

关于秋爽斋的室内布置，出自小说第四十回。结合秋爽斋的环境特点，分析出人物的性格特征。

原文是：探春素喜阔朗，这三间屋子并不曾隔断。当地放着一张花梨大理石大案，案上磊着各种名人法帖，并数十方宝砚，各色笔筒，笔海内插的笔如树林一般。那一边设着斗大的一个汝窑花囊，插着满满的一囊水晶球儿的白菊。西墙上当中挂着一大幅米襄阳《烟雨图》、左右挂着一副对联，乃是颜鲁公墨迹，其词云："烟霞闲骨格，泉石野生涯。"案上设着大鼎，左边紫檀架上放着一个大观窑的大盘，盘内盛着数十个娇黄玲珑大佛手。右边洋漆架上悬着一个白玉比目磬，旁边挂着小锤。……东边便设着卧榻，拔步床上悬着葱绿双绣花卉草虫的纱帐。

【答案】

示例：秋爽斋的视野开阔、气势宏大、风雅清高等特点表明了探春志向高远、趣味高雅、洒脱大方。秋爽斋布置以书画为主，而不是一般大家闺秀的脂粉，表明了探春的高傲脱俗。

23. 阅读下面《红楼梦》节选文字，根据要求完成题目。

贾母这边说声“请”，刘姥姥便站起身来，高声说道：“老刘，老刘，食量大似牛，吃个老母猪不抬头。”自己却鼓着腮不语。众人先是发怔，后来一听，上上下下都哈哈的大笑起来。史湘云撑不住，一口饭都喷了出来；林黛玉笑岔了气，伏着桌子只叫“嗳哟”；宝玉早滚到贾母怀里，贾母笑的搂着宝玉叫“心肝”……

（节选自《红楼梦》第四十回）

文段中，薛宝钗在现场，但作者没有描写她的反应，请推想薛宝钗会有怎样的反应，并根据人物性格和原著相关内容简要说说理由。

【题解】

题干中有两问，一是“推想反应”，二是“根据人物性格和原著相关内容简要说说理由”。对合乎人物性格和原著相关内容的反应进行简要描述。

【答案】

示例：薛宝钗的反应：侧脸抿嘴，欲笑而抑住笑，脸憋得通红。理由：因为薛宝钗是个稳重端庄、举止娴雅、处事淡然甚至有点隐忍的女子，虽然刘姥姥所言令人笑煞，但在贾母、王夫人、宝玉和众姐妹在场的情况下，薛宝钗即使想笑，也会因顾及自己在众人心中的形象而有所克制。

24.《红楼梦》第四十回描写贾府女眷在大观园吃酒行令，黛玉无意间引用了闺阁禁书《牡丹亭》《西厢记》中的句子。当时，“宝钗听了，回头看着他。黛玉只顾怕罚，也不理论”。第四十二回中，宝钗往贾母处问安，还特意约黛玉到蘅芜苑，对黛玉说：

“……先时人口多，姊妹弟兄都在一处，都怕看正经书。弟兄们也有爱诗的，也有爱词的，诸如这些‘西厢’‘琵琶’以及‘元人百种’，无所不有。他们是偷背着我们看，我们却也偷背着他们看。后来大人知道了，打的打，骂的骂，烧的烧，才丢开了。所以咱们女孩儿家不认得字的倒好……就连作诗写字等事，原不是你我分内之事，究竟也不是男人分内之事。男人们读书明理，辅国治民，这便好了。……你我只该做些针黹纺织的事才是，偏又认得了字，既认得了字，不过拣那正经的看也罢了，最怕见了些杂书，移了性情，就不可救了。”一席话，说得黛玉垂头吃茶，心下暗服，只有答应“是”的一字。

综合此处文字中的信息，概括一下宝钗这一形象有哪些突出的特点。

【题解】

结合情节提炼概括宝钗的特点。注意合理引述与概括。

【答案】

结合情节：宝钗当时就察觉黛玉引用不合礼制，后来又特意对黛玉以言相劝。宝钗的特点：聪慧过人；知礼循礼（言行得体）；处世融通（周全）。

25. 有人用“黠而侠”评价《红楼梦》中的刘姥姥，意思是说刘姥姥既有“狡黠”的一面，又有“侠义”的一面。请结合原著内容，谈谈你对刘姥姥的“黠”和“侠”的理解。

【题解】

弄清楚“黠”和“侠”的意思，结合相关情节作答。

【答案】

示例：黠，即聪明。小说中说刘姥姥是久经世故，二进贾府时，情知是王熙凤等戏耍她，但她还是有意配合凤姐、鸳鸯哄贾母高兴，是装傻。讲故事也有意迎合贾母、宝玉的好奇心理，投其所好。

侠，即讲义气，敢担当。当贾府溃败时，巧姐被卖。刘姥姥知恩图报，救下巧姐。

26.《红楼梦》第四十八回“慕雅女雅集苦吟诗”中，宝钗评价香菱为“呆子”：

“你本来呆头呆脑的，再添上这个，越发弄成个呆子了。”

这里的“呆子”其实体现了香菱学诗的勤奋执着。请从原著中另外选取一个情节谈谈你对香菱的“呆”的认识。

【题解】

选取一个情节并作分析，对“呆”准确解读。

【答案】

示例一：“呆霸王调情遭苦打”一回，香菱平日总挨薛蟠的打骂，薛蟠被柳湘莲打了之后，香菱哭得眼睛浮肿，体现了她憨厚善良的天性。

示例二：“呆香菱情解石榴裙”一回，香菱和丫鬟们斗草，滚在草地上，把刚穿上的石榴裙弄脏了，宝玉见状告知袭人，袭人把新裙子拿来给她，香菱让宝玉背过脸去，把裙子换上，体现了她的天真单纯。

示例三：薛蟠娶夏金桂之前，香菱听说夏金桂漂亮又会作诗，巴不得夏金桂早些过来，没有猜妒防卫心理，还认为宝玉的担心是没必要的，毫无心机，体现了她的单纯厚道。

27.《红楼梦》中作者对香菱的一字评是“呆”，书中薛宝钗也说她“呆头呆脑”，对此你怎么看？请结合原著内容，谈谈你的理解。

【题解】

对香菱“呆”的理解。

【答案】

示例：作者所评的“呆”有憨顽、单纯、执着与不解性情等多层含义。①周瑞家的问她话，她一概回答记不得了；②整天笑嘻嘻的，爱傻玩，但很少在家庭事务上用心；③香菱学诗时的专注、入神、着魔；④斗草时被人揶揄，与豆官打闹，弄湿了裙子，接受宝玉建议换上了袭人的石榴裙。这些都可见其“呆”。而香菱学诗时，宝钗说她“呆头呆脑的”，不完全是贬语，有戏评的成分。一个“呆”字，写出了香菱的娇憨天真、憨厚善良。

28.《红楼梦》第四十九回“琉璃世界白雪红梅，脂粉香娃割腥啖膻”中，黛玉说：“孙行者来了……”“孙行者”指谁？请结合本回情节，归纳其性格特征。

【题解】

此处说的是史湘云。

【答案】

“孙行者”指史湘云。其性格特征：有英雄气，活泼洒脱，纯真率性，爱憎分明（心直口快）。

29.《红楼梦》第四十九回中，史湘云自称“是真名士自风流”。请结合《红楼梦》中相关的两个情节，解说史湘云“是真名士自风流”的特点。

【题解】

弄清楚“自风流”的内涵，结合相关的“两个”情节。如：

①出言无忌。薛宝钗过生日的时候，大家都看出了林黛玉有点像一个小戏子，但是除了史湘云之外，没有一个人说出口。

②阴阳论辩。史湘云和丫鬟翠缕之间展开了关于天地间的阴阳变化的对话，大有魏晋名士谈玄之风度。

③大笑喷饭。没有姑娘的矜持，只有率性的大笑。刘姥姥饭桌装牛，湘云笑得喷饭，连人带椅都歪倒了。

④疾恶如仇。曾经因为邢岫烟被欺负而想要替她打抱不平，也曾经嘱咐薛宝琴要当心赵姨娘等人，黑白分明，身上有一种不逊须眉的磊落气概。

【答案】

示例一：史湘云洒脱不羁，率性自然。她喜穿男装，“偏他只爱打扮成个小子的样儿，原比他打扮女儿更俏丽了些”。曾经偷穿贾宝玉的衣服，被贾母误认为是贾宝玉。和宝玉在雪天里，割腥啖膻，烧烤鹿肉。黛玉嘲笑他们是叫花子，可是湘云自称“是真名士自风流”。女扮男装，大嚼腥膻，体现了史湘云的个性和潇洒风流的魏晋名士如出一辙。

示例二：“是真名士自风流”强调的是人物的才情、个性。“海棠社”中，史湘云后来居上，一口气和了两首诗，成为海棠诗社的压卷之作，最终被大家推举为榜首。咏雪联句湘云抢的最多，填柳絮词也是她先起的头。再如，喝醉了，很随意地就躺在了青板石凳上，“湘云醉眠”可见其娇憨率真。这些都是史湘云如魏晋名士式的才情个性的表现。

30.《红楼梦》第五十六回用“敏探春”评价贾探春，请根据“偶结海棠社”“兴利除宿弊”“抄检大观园”三回中的有关情节，概括探春的“敏”表现在哪些方面。

【题解】

对三个情节的基本内容熟悉，并能做出归纳。

【答案】

探春的“敏”表现在以下几方面：才思敏捷；目光敏锐，洞察贾府弊端和隐患；行事敏捷，处事干练，敢作敢为。

31. 从以下《红楼梦》的回目中，任选一条，依据画线内容，简述情节，概括薛宝钗的性格特点。

第三十回　宝钗借扇机带双敲　龄官画蔷痴及局外

第三十七回　秋爽斋偶结海棠社　蘅芜苑夜拟菊花题

第四十二回　蘅芜君兰言解疑癖　潇湘子雅谑补馀香

第五十六回　敏探春兴利除宿弊　时宝钗小惠全大体

【题解】

任选一条，简述情节，概括薛宝钗的性格特点。

【答案】

示例一：第三十回，宝玉没话找话搭讪薛宝钗，说宝钗像杨贵妃；宝钗生气，借小丫头靛儿找扇子的时机，讽刺宝玉，因见林黛玉面上有得意之态，于是用“我不知道什么是‘负荆请罪’”，敲打宝玉和黛玉。体现了薛宝钗聪慧机智、温厚平和又适可而止的性格特点。

示例二：第三十七回，湘云入海棠社，积极要求先做东邀一次社；湘云当夜睡在蘅芜苑宝钗屋里，宝钗出谋划策，赞助她做东，以螃蟹宴名义邀社；晚上二人商议诗题，宝钗建议咏菊花，二人夜拟菊花题，共拟出十二个题目。体现了薛宝钗善解人意、乐于助人、善良聪慧的性格特点。

示例三：第四十二回，黛玉行酒令时用了当时禁书《牡丹亭》《西厢记》里的文句，被宝钗发觉；宝钗私下劝谏黛玉注意，现身说法、好言相劝（比如“我也是个淘气的，你我只该做些针黹纺织的事才是”），说得黛玉心下暗服，完全打消了对宝钗的猜疑。体现了薛宝钗遵从封建礼教、恪守封建道德规范，并用礼教的一套要求他人的性格特点。

示例四：第五十六回，探春理家实行园内改革时，宝钗分析大观园现状，建议放利给下人们，承诺承包人可不向账房交账，但要承担相应开支；要求承包人自己有得的同时，分些利给园子里没承包到的人。众婆子听了欢喜异常，欢声鼎沸。薛宝钗的全大体，稳定了大观园的人心，保护了贾府的体面，保证了改革的平稳推进。体现了薛宝钗善良、有同情心、体恤下人、熟谙中庸之道、考虑周全的性格特点。

32. 在《红楼梦》第六十三回“寿怡红群芳开夜宴，死金丹独艳理亲丧”中，大家抽签饮酒，宝钗第一个抽得一签，“只见签上画着一支牡丹，题着‘艳冠群芳’四字，下面又有镌的小字一句唐诗，道是：任是无情也动人”。

“任是无情也动人”一句隐含着宝钗怎样的个性特点？请根据原著进行简要分析。

【题解】

围绕“无情”“动人”阐明宝钗个性特点的内涵，结合《红楼梦》中的相关情节内容进行分析。

【答案】

示例：这句话的意思是就算花不通人情，也一样动人，花犹如此，何况人呢。人自然通人情，自然更动人了。所以说作者引用这句诗本意只是称赞宝钗的美丽动人而已。这个“无情”不是冷酷无情的意思，而是不徇私情（对人一视同仁，不会任用自己的亲信去管事），没有儿女之情（对宝玉不假辞色，不过于亲近）；宝钗虽然表面无情，却照顾了湘云，教导体贴过黛玉，帮衬岫烟，提点探春，她冷淡之下的温情，几乎兼顾过所有人。这就是无情之下掩盖着的至情。

33. 在《红楼梦》第六十三回“寿怡红群芳开夜宴”中，群芳夜聚怡红院为宝玉庆生，大家占花名以助兴。宝钗掣的签画的是牡丹，诗句是“任是无情也动人”；探春掣的签画的是杏花，诗句是“日边红杏倚云栽”；李纨掣的签画的是一支老梅，诗句是“竹篱茅舍自甘心”；湘云掣的签画的是海棠，诗句是“只恐夜深花睡去”；香菱掣的签画的是并蒂花，诗句是“连理枝头花正开”；黛玉掣的签画的是芙蓉，诗句是“莫怨东风当自嗟”；袭人掣的签画的是桃花，诗句是“桃红又是一年春”。

从整本书看，每个签上的画和诗句都体现了掣签人的性格命运。请任选一签，根据原著简要分析签中隐含了掣签人怎样的性格命运。

【题解】

分别概括“性格”和“命运”，结合原著分析。

【答案】

示例：（1）宝钗

性格：“任是”，“纵然是”“即便是”的意思。牡丹是富贵花，艳冠群芳。

依作者的本意，“牡丹”纵然含情不露，也自有打动人心的魅力，隐含着宝钗沉稳大度、处事周全、外冷内热的性格。

命运：享受富贵，最终与宝玉成婚，但家族势败，宝玉出家后守寡度日。历着炎凉，知著甘苦，虽离别亦能自安。

（2）探春

性格：古代以杏花为贵，以杏象征幸福。杏，谐音“幸”，合在一起是夸奖男的志趣高洁、合乎乾道，女的贞静端方、合乎坤道。《易经》中说阴阳两仪结合繁衍其昌——多与少女的姻缘、爱情相关。“才自精明志自高”，意指探春是一个有远见、有抱负、有作为的女子。在协理大观园时，兴利除弊，富有改革精神；在抄检大观园时，无所畏惧，为维护自己的尊严打了王善保家的一记耳光，表现出决断果敢的气概。这些都隐含着探春敢说敢为、办事练达的性格。

命运：日边，倚云，都是遥远的地方，暗示探春远嫁不归的悲切命运。

（3）黛玉

性格：芙蓉“清姿雅质、独殿群芳”，标示着黛玉超凡脱俗、清秀非凡的特质，隐含着其敏感、细心、淡泊、易伤感、绝顶聪明、兰心蕙质、悟性极强、自尊自爱、多愁善感、清高孤傲的性格。

命运：“芙蓉”“莫怨东风当自嗟”寓意黛玉寄身在泥淖般的贾府中，孤苦、凄冷，最终香消玉殒，寂寞而亡。

34. 在《红楼梦》第六十五回中，小厮兴儿曾评价贾府中的几位主子。以下两段文字评价的分别是哪两位女性人物？请结合相关情节，简要说明画线部分的评价。

嘴甜心苦，两面三刀；上头一脸笑，脚下使绊子；明是一盆火，暗是一把刀：都占全了。

三姑娘的浑名是“玫瑰花”……玫瑰花又红又香，无人不爱的，只是刺戳手。也是一位神道，可惜不是太太养的，“老鸹窝里出凤凰”。

【题解】

要写对人物，情节准确，合乎评价。

【答案】

王熙凤。情节：第十二回中，王熙凤对贾瑞毒设相思局，表面殷勤相待，暗中设计捉弄整治；第六十九回中，王熙凤表面对尤二姐关怀备至，暗地里唆使秋桐等人折磨尤二姐。可见王熙凤的阴险、狠毒和残忍。

探春。情节：第五十五回，与李纨、宝钗共同协理家事时，探春训斥管事婆子吴新登家的；第七十三回，探春软硬兼施，训诫迎春房里的刁奴（迎春乳母的儿媳王住儿媳妇）；第七十四回，抄检大观园时，探春掌掴王善保家的。可见探春的决断果敢、凌厉与不好惹。

35. 下面是《红楼梦》中不同人物对王熙凤的评价。请根据这些评价，结合原著谈谈你对王熙凤这个人物的理解。

贾母：她是我们这里有名的一个泼皮破落户儿，南省俗谓作“辣子”。

周瑞家的：她年纪虽小，行事却比世人都大呢。如今出挑的美人一样的模样儿，少说些有一万个心眼子。再要赌口齿，十个会说话的男人也说她不过。回来你见了就信了。就只一件，待下人未免太严些了。

秦可卿：你是个脂粉队里的英雄，连那些束带顶冠的男子也不能过你。

小厮兴儿：嘴甜心苦，两面三刀；上头一脸笑，脚下使绊子；明是一盆火，暗是一把刀：都占全了。

【题解】

贾母的评价：泼辣；周瑞家的评价：精明能干、工于心计、极富口才、刻酷寡恩；秦可卿的评价：刚强好胜；小厮兴儿的评价：两面三刀、阴险狠毒、表里不一。

综上，对王熙凤的评价，应是多侧面的、立体的。具体评价应以题干中的人物评价为范畴，所结合原著内容应与所分析性格特点对应。王熙凤的性格特点，如下：

正面：爽利泼辣、精明强干、能言善道等。事例：见黛玉、回王夫人、协理宁国府、提拔小红、支持探春改革等。

负面：自私圆滑、冷酷狠毒、奸诈虚伪等。事例：毒设相思局、协理宁国府对仆人施刑、弄权铁槛寺、挑动张华告状又欲将其灭口、逢迎贾母（邢夫人）、放高利贷、逼死尤二姐等。

【答案】

示例一：从不同人物对王熙凤的评价中，可见这是一个性格复杂立体的人物。她精明强干，在协理宁国府，操办秦可卿丧事中都体现出极为出色的治家理事才能。但她更有冷酷阴险的一面，得知贾琏偷娶，计赚尤二姐入贾府，最终逼其自尽，就暴露出她的刻毒和狡诈。

示例二：初见黛玉，王熙凤盛装华服，大说大笑而来，张扬的气势正如贾母形容的“辣子”。一句“倒像是嫡亲的孙女”，夸了黛玉，哄了贾母，又不着痕迹地捧了“三春”姐妹，能言善道背后更见其老于世故的圆滑。而对王夫人有关家事的询问，应答周全妥帖，又显露出其聪敏与才干。王熙凤就是这样一个集精明强干、圆滑虚伪等于一身的“多面体”形象。

36. 红学家王昆仑有句经典评论：“《三国演义》的读者恨曹操，骂曹操，曹操死了想曹操。《红楼梦》的读者恨凤姐，骂凤姐，不见凤姐想凤姐。”请结合《红楼梦》的相关情节，分析王熙凤这一形象为什么令读者的情感如此复杂。

【题解】

结合具体情节，分析王熙凤形象的复杂性及其所引发的读者的复杂情感（恨、骂、想）。

分析角度：①能展现出王熙凤独有的性格魅力。如贾赦打算选鸳鸯为妾，老太太十分生气，王熙凤却说：“谁让老太太会调理人呢。”一句话使气氛从悲到喜。②能展现出王熙凤独有的才能。如，能言善辩，活跃气氛：初见黛玉时，一句“天下真有这样标致的人物，竟不像老祖宗的外孙女，竟是个嫡亲的孙女”，一石三鸟，让在场的人听着都很开心，很舒服。③能分析清楚令读者“想”

的分量和独特性。如人物的不可或缺、独一无二、无可替代、形象丰富、“脂粉队里的英雄”等，少了她，红楼就少了颜色，就少了“万艳同悲”的重要一环。

【答案】

示例：王熙凤身上的形象是多样且复杂的，与黛玉初见，短短几分钟内悲喜交加的神态变化体现了她的机灵，令读者叹服，“未见其人先闻其声”更是体现了她在贾府独树一帜的泼辣与豪放；但同时她弄权铁槛寺，为钱拆散情侣，甚至害其自杀的情节又看出她的无情和贪婪，令读者“恨”。正是因为泼辣豪放与冷酷无情并存，才让王熙凤这个人物更加立体，变得不可或缺，这或许是读者“见了恨，不见想”的原因吧。

37.《红楼梦》第七十回中有一首薛宝钗的《临江仙·柳絮》：“白玉堂前春解舞，东风卷得均匀。蜂围蝶阵乱纷纷。几曾随逝水，岂必委芳尘？万缕千丝终不改，任他随聚随分。韶华休笑本无根。好风凭借力，送我上青云。”结合词的内容和小说内容，简要分析词作与薛宝钗的经历和性格特点有哪些契合之处。

【题解】

结合词的内容和小说内容做准确解读，分析相关性。

【答案】

示例：①《临江仙·柳絮》中的柳絮能在风中舞蹈，并且能借助“好风”之力，这与出身高贵、家世显赫的薛宝钗在贾家深受喜爱的状态契合。②柳絮的“解舞”“均匀”，也凸显了薛宝钗圆滑持重、颇有处世本领的性格特点。③这首词充满乐观向上的自信，与薛宝钗的性格特征非常契合。

38. 在《红楼梦》第七十四回“抄检大观园”时，晴雯有何表现？这反映了她怎样的性格特征？

【题解】

关于晴雯的表现及性格特征。

【答案】

示例：抄检大观园时，怡红院里的丫鬟们无不战战兢兢，俯首帖耳，任人来搜查。晴雯却出人意料地把自己的箱子往地上一倒，并顶撞了领头抄检的王善保家的。这一举动，充分表现出她对主子及其帮凶的蔑视，决不向封建势力低头，敢于反抗的倔强（刚烈）性格。

39.《红楼梦》第七十六回“凸碧堂品笛感凄清，凹晶馆联诗悲寂寞”中，林黛玉吟咏的诗句“冷月葬花魂”，有的版本作“冷月葬诗魂”。你认为哪句更符合你对林黛玉的认识？请说明理由。

【题解】

从版本的角度探讨林黛玉的性情，明确笔法的运用。

【答案】

示例：“冷月葬花魂”更符合。理由：呼应前文（第二十三回、第二十七回）“黛玉葬花”的情节；“花”是“女儿”的化身，这句以“诗谶”的形式暗示了黛玉早亡的悲剧命运。（红学家宋淇、蔡义江、林冠夫持此观点）

“冷月葬诗魂”更符合。理由：“诗”较“花”更能反映出作者是把黛玉作为“诗”的化身的；“诗”字也更契合黛玉清高孤傲的个性，更能写出黛玉才华被毁灭的悲剧命运。（红学家冯其庸、刘恒持此观点）

【链接】

中秋之夜，林黛玉和史湘云在凹晶馆联诗，黛玉的那句“冷月葬诗魂”带同学们沉浸在艺术佳境中。大家开展探究学习，发现有的版本将“冷月葬诗魂”写作“冷月葬花魂”。对于塑造黛玉形象来说，“花”和“诗”哪个更好？请结合《红楼梦》中相关情节谈谈你的理由。

【题解】

结合《红楼梦》中的情节内容，分析“花”“诗”分别对表现黛玉形象特点的作用。

【答案】

具体内容参照上文。

40. 林黛玉和史湘云是《红楼梦》中身世相近却性情迥异的两个人物，你更喜欢她们中的哪一个？要求：结合原著陈述理由。

【题解】

对人物形象的认识分析。

【答案】

示例一：我更喜欢林黛玉。林黛玉跟史湘云一样，都是小时候父母双亡，她除了自身的娇弱和爱哭，更多的是小心谨慎和有极强的自尊。她的敏感、小性和尖刻其实是一种自我保护。黛玉的敏感还让她面对落花时，以花自况，抒写花落人亡的哀愁和悲愤。黛玉公然藐视皇亲贵族北静王的赏赐，极力追求自己与宝玉的爱情，她坚持按照自己内心深处的想法去追求，显示了她的“真性情”。林黛玉是一个最令人喜爱的人物形象。

示例二：我更喜欢史湘云。湘云的出场很热闹，见了宝玉就很亲热，通过她的说话和动作可以看出她的活泼开朗。史湘云爱着男装，语言行为像个男子。见戏子像林黛玉，别人都掩口不说，她却脱口而出；雪地里，她跟宝玉烤鹿肉吃，自谓“是真名士自风流”；饮酒醉了，她躺在园子里的青板石凳上香梦沉酣，芍药花飞了一身。湘云是真的豪迈洒脱，开朗大方。跟黛玉一样，同是无父母寄人篱下之人，湘云之心却有揽万物之度，豪迈乐观，最令人喜爱。

41.《红楼梦》中塑造了薛宝钗和林黛玉两个鲜明而独特的经典人物形象，但这两个形象也有很多共性。请根据你的阅读经验，概括这二人在一个方面的共同之处，并谈谈你的理解。

【题解】

结合相关情节或细节，解说二人在某一方面的共同之处，谈理解与评价。可围绕人物形象塑造的价值、艺术效果、作者的创作意图等方面谈认识理解。

作答思路：先概括，再解说（分开解说或合在一起解说均可），谈理解。

【答案】

示例一：宝黛二人有很多共同之处，比如，她们在爱情的追求上最终都是以悲剧落幕。黛玉不能与宝玉成婚，终“焚稿断痴情”，郁郁寡欢而死；宝钗虽与宝玉成婚，却不得宝玉的爱，凄凉孤苦地度过余生。用悲剧的方式使二人落幕，不仅能反映出封建社会对婚姻的苛求所带来的悲剧，更能与“万艳同悲”形成呼应，让人对爱情有更深的思考，虽让人十分痛心却十分合乎情理。

示例二：宝钗、黛玉二人都十分博学，有才华。二人都对禅宗有一定了解，在宝玉自认为参禅悟道时，宝钗和黛玉分别阐发各自对参禅的认识，使宝玉警醒，深觉自己的才华不及两位，更无法参禅。二人在海棠诗社中所作的诗作，宝钗被誉为“含蓄浑厚”，黛玉被誉为“风流别致”，二人诗才均远高于常人。作者通过塑造二人相同的特点，再通过性格差异来区分，既凸显人物形象，又使得人物形象生动鲜活。

示例三：薛宝钗与林黛玉都有体香。薛的体香来源于冷香丸，是后天培养而成；林的体香天然而成。我觉得有以下几个作用：①凸显人物的美貌；②巧妙对应“香消玉殒”的典故，美人去而香散；③引发读者思考：为什么黛玉是天生体香而宝钗是后天的？我认为暗合黛玉和宝玉是命中注定、前世情缘，而宝玉和宝钗是后天的、现世的感情。

42. 学者俞平伯品评《红楼梦》时说“钗黛虽然并秀，性格却有显著不同：如黛玉直而宝钗曲，黛玉刚而宝钗柔……”。请结合《红楼梦》中的相关情节谈谈你对这种说法的理解。

【题解】

“钗黛并秀”，解说“并秀”的具体方面，然后进行情节分析。“性格显著不同”，解说黛玉“刚直”，结合情节分析；解说宝钗“曲柔”，结合情节分析。

【答案】

示例：钗黛并秀：二人都容貌出众，富有才情。小厮兴儿曾说：“两个姑娘，真是天上少有，地下无双。”结海棠社时宝钗《咏白海棠》第一，题菊花诗时黛玉夺魁。二人都是富有美貌和才情的。

性格显著不同：黛玉“刚直”表现为很倔强，说话做事刚硬。周瑞家的送宫花到黛玉房里，黛玉问了问情况，知道姊妹们都有后，冷笑道：“我就知道，别人不挑剩下的也不给我。”一日，贾宝玉把北静王所赠的鹡鸰香串送给林黛玉，黛玉却掷而不取。率性而为，毫不顾忌对方的感受，可见黛玉的“刚直”。宝钗“曲柔”表现为隐忍、宽容。林黛玉讽刺她只在人带的东西上留心，宝钗听说，便回头装没听见。宝钗借扇机带双敲，一句“我不知道什么是‘负荆请罪’”，见宝玉黛玉二人早把脸羞红了，十分惭愧，也就一笑收住。息事宁人，适可而止，不与争锋，可见宝钗的“曲柔”。

43. 有学者在评价《红楼梦》人物时说：“宝钗在做人，黛玉在作诗。”你是否同意这个评价？请结合原著的相关情节谈谈你的看法。

【题解】

首先表明态度，对这个评价同意、不同意或部分同意。写出对“宝钗”“黛玉”之“做人”“作诗”的理解，结合原著内容分析。

“宝钗做人”可以理解为更现实，关注人事，善于处理人际关系，追求仕途经济，等等。“黛玉作诗”可以理解为更浪漫，关注情感，善于体察自然万物，追求个性自由，等等。

【答案】

示例：同意。宝钗出身皇商家庭，她世事洞明，对人情练达自如。在宝钗生日时，贾母问宝钗爱听什么戏，宝钗深知老年人喜热闹戏文，便依照贾母向日所喜的说了出来。可见宝钗更现实，关注人事，善于处理人际关系，是在“做人”。黛玉年幼丧母，寄人篱下，敏感多疑。三月暮春，桃树下她与宝玉共读《西厢记》，风吹桃花落了满身。不忍落花被玷污，她担着花锄，上挂着纱囊，手拿着花帚葬花。可见黛玉更浪漫，关注情感，善于体察自然万物，追求个性自由，是在“作诗”。

44.《红楼梦》中，晴雯、袭人是贾宝玉房中两个重要的丫鬟，也是作者着力塑造的两个人物。在对《红楼梦》的人物研究中，有“晴为黛影，袭为钗副”之说。请结合原著内容，谈谈你对“晴为黛影”或“袭为钗副”的理解。

【题解】

对“晴为黛影”或“袭为钗副”要能准确理解，说明两个人的相似点，结合原著相关内容作答，事例选取恰当。二者选择其一，不必面面俱到。

【答案】

示例一：“晴为黛影”这句话意思是说晴雯是黛玉的影子。①二人外貌气质相似。“风流灵巧”是对晴雯外貌出众的描述，晴雯的外貌与黛玉形似，气质也神似。②叛逆性格相似。晴雯任性率真，比如恃宠而骄撕宝玉和麝月的扇子；她大胆泼辣又叛逆，比如王善保家的抄检大观园，她当众痛骂那些人狗仗人势；她喜欢宝玉是光明磊落的，也经常因为宝玉而生气，这一点和林黛玉更是相像。③结局相似。晴雯被污蔑为勾引宝玉的“狐狸精”，拖着带病之身，最终被赶出大观园，最后含恨而死。曹雪芹写晴雯的结局，实则影射黛玉之死。

示例二：“袭为钗副”这句话意思是说袭人和宝钗很像。①二人性格稳重，且都遵守礼教。袭人，心地纯良，温柔体贴，待人接物和善，面对委屈默默忍受。众人都赞她是贤惠忠厚又贴心，比如李嬷嬷因为赌输了钱而迁怒袭人，对她一阵辱骂，但袭人并未反驳，只是默默忍受；又比如，宝玉因淋雨没人开门，误踢了袭人以致其夜里疼痛难忍吐血，她也依旧处处替宝玉着想。这般作风确实有宝钗风范。袭人十分恪守封建礼教的世俗规矩，以身作则且约束别人，这一点也与宝钗相似。②袭人志向远大，颇具心机，也与宝钗相似。袭人喜欢宝玉，对宝玉温柔备至，她的内心一直渴望嫁给宝玉，守着宝玉。而宝钗也是如此。然而，无论是袭人未能嫁给宝玉，还是宝钗看似美满的金玉良缘，最终都是一场悲剧。

45.《红楼梦》中一些主要人物进入回目，作者往往在其名字前加一个字，来概括或凸显其品性，即所谓“一字评”，如“敏探春”“酸凤姐”“贤袭人”“勇晴雯”“慧紫鹃”等。请任选一人，结合原著内容，谈谈你对该人物“一字评”的理解。

【题解】

敏探春，“敏”，机敏、敏锐。酸凤姐，“酸”，吃醋。贤袭人，“贤”，贤惠、贤良、贤明。勇晴雯，“勇”，勇敢、果敢、大胆。慧紫鹃，“慧”，聪明、聪慧、善解人意。

本题涉及《红楼梦》的主要回目：

“贤袭人”——“第二十一回　贤袭人娇嗔箴宝玉　俏平儿软语救贾琏”；

“勇晴雯”——“第五十二回　俏平儿情掩虾须镯　勇晴雯病补雀金裘”；

“敏探春”——“第五十六回　敏探春兴利除宿弊　识宝钗小惠全大体”(有版本作“时”“贤”)；

“慧紫鹃”——“第五十七回　慧紫鹃情辞试忙玉　慈姨妈爱语慰痴颦”；

“酸凤姐”——“第六十八回　苦尤娘赚入大观园　酸凤姐大闹荣国府”。

【答案】

示例一：我选“敏探春”。“敏”有机敏、敏锐之意。探春性灵敏锐，做事敏捷，心地敏慧。在代王熙凤管家时，探春兴利除宿弊，制定了许多“开源”与“节流”的措施，如废除买办替闺阁小姐采买胭脂的规定，将大观园承包给下人们打理，展现出出众的聪敏与才华。在抄检大观园时，探春从这些人的丑恶行径中敏锐地觉察到贾府已经有了衰败之势，说：“可知这样大族人家，若从外头杀来，一时是杀不死的，这是古人曾说的‘百足之虫，死而不僵’，必须先从家里自杀自灭起来，才能一败涂地。”因此，用“敏”字来评价探春，能凸显探春的品性，是非常准确的。

示例二：我选“酸凤姐”。“酸”的意思是容易因情感关系而嫉妒他人。王熙凤在与丈夫贾琏的关系中表现出极强的醋意。贾琏偷娶尤二姐，凤姐先是大闹与此事相关的宁国府，后又设计除去尤二姐。就连既是自己贴身丫头，又是贾琏通房丫头的心腹平儿，凤姐也不肯让她与贾琏走得太近。对一切与贾琏有关系、可能与自己争宠的女性，她都处处小心，时时防备，甚至可能除之而后快。其性格中“善妒”的一面，正是从“酸”的评语中体现出来的。

46. 在《红楼梦》中，曹雪芹描写了众多女子的美。请你选取其中一位女子，说说她具有哪种美。要求：结合原著，至少举出一处情节加以分析。

【题解】

首先要有关于“美”的概述，即抓住人物特色谈特质之美，不能停留在相貌美丽、身材窈窕等表面现象上。然后选一个及以上关于“美”的人物事件清晰的情节，结合细节进行性格特点分析，用词精准，切合题意。

众女子的美，诸如，黛玉：病态之美、浪漫诗情之美；宝钗：知书识礼之美、知性之美；湘云：洒脱之美、娇憨之美、英气之美、豪放之美；熙凤：干练之美、张扬之美；探春：自尊自爱之美、大气之美；袭人：温婉之美、贤惠之美；香菱：天真单纯之美、憨顽之美等。

【答案】

示例一：湘云之美在于洒脱不羁、率性自然、不虚伪、不做作。芦雪庵聚会时，湘云和宝玉一起烤鹿肉，大口吃鹿肉，黛玉笑她，她却自称“是真名士自风流”，还说吃了肉喝了酒才有诗，毫不忸怩作态，纯然一片洒脱随性，展现出健康的生命力，充满了别样美感；联句时，她争句抢词，诗思敏捷，独战宝琴、宝钗、黛玉，率真可爱；醉酒的湘云，还以花为枕，卧躺石凳，实在是洒脱不羁。这份率性自然，让湘云在红楼众芳中，成为一种风格独特的美。

示例二：林黛玉身上具有诗意美。首先，她“一弯似蹙非蹙罥烟眉”与“病弱西子”弱不禁风的身体，让她的长相具有多愁善感的诗意。其次，她与诗为伴，无论是在宝玉送的旧帕上题诗，还是有感而发的《秋窗风雨夕》，都可见她对诗的热爱，富有诗意美。最后，她的心与万物连接，见落花凋零便落泪葬花，吟出“未若锦囊收艳骨，一抔净土掩风流”的诗句。正是她清洁敏感的灵魂，造就了她的诗意美。

47.《红楼梦》中宁、荣二府的诸多女性有一个相同的身份：贾府媳妇。其中，有贾赦的媳妇邢夫人、贾政的媳妇王夫人，有贾珍的媳妇尤氏、贾琏的媳妇王熙凤，以及贾珠的遗孀李纨等，她们活跃在小说中，性格各异，形象鲜明。请任选一位小说中的贾府媳妇，结合原著内容，简析其形象特点。

【题解】

从《红楼梦》诸多“贾府媳妇”中任选一位，所选女性可以是题干中提到的某一位，也可以是题干中非明确指出的另外一位。针对每个人物，能较全面地结合原著内容分析其形象特点，能依据情节内容较全面地对应分析人物作为“媳妇”的形象或性格特点。如能在分析时突出“媳妇”的角色特点更佳。

贾府媳妇形象特点举例：

邢夫人：①秉性愚犟。②贪婪财货。③为人偏狭。

王夫人：①为人孝顺。②宽仁慈厚。③性情直率，脾气急躁。

尤氏：①明事知礼。②性情温和，好脾气。③缺乏才干。

王熙凤：①模样标致，言谈爽利。②心机深细。③杀伐决断，雷厉风行。（其他评价，如狠毒、贪婪、能干等，只要合理，亦可）

李纨：①读过诗书，受过礼教。②青春丧偶，无欲无求。③侍亲养子，陪侍小姑。

【答案】

示例：王夫人：①为人孝顺。如贾母面对薛姨妈时对王夫人的夸赞：“你这个姐姐她极孝顺我，不像我那大太太一样，婆婆跟前不过是应景儿。”②宽仁慈厚。王夫人寡言少语，求神拜佛，是个一心向佛的宽仁慈厚之人。如，在初进荣国府前刘姥姥对自己的女婿夸赞王夫人：“他们家的二小姐着实响快，会待人，倒不拿大。如今现是荣国府贾二老爷的夫人。听得说，如今上了年纪，越发怜贫恤老，最爱斋僧敬道，舍米舍钱的。”③性情直率，脾气急躁。如金钏儿事件、抄检大观园事件。

情　节

第一回：红楼梦引、木石前盟、英莲被拐、妙解“好了歌”

第二回：冷子兴演说荣国府、宝玉抓周、论“正邪两赋”之人

第三回：林黛玉进贾府、宝黛初会

第四回：香菱被卖、贾雨村断案

第五回：梦游太虚幻境

第六回：刘姥姥一进荣国府

第七回：送宫花、宝玉会秦钟

第八回：黛玉含酸

第九回：顽童闹学堂

第十回：张太医论病

第十一回、第十二回：毒设相思局

第十三回：协理宁国府

第十四回：路谒北静王

第十五回：弄权铁槛寺

第十六回：元春晋封、夫妻叙话

第十七回、第十八回：大观园试才题对额、元妃省亲

第十九回：袭人规谏、静日生香

第二十回：袭人受气、宝玉篦头、俏语谑娇音

第二十一回：袭人娇嗔箴宝玉、平儿软语救贾琏

第二十二回：宝钗点戏、宝玉悟禅机、贾政悲谶语

第二十三回：宝黛葬花、共读西厢

第二十四回：遗帕惹相思

第二十五回：魇魔法

第二十六回：春困发幽情

第二十七回：宝钗扑蝶、黛玉葬花

第二十八回：宝玉诉冤屈、行酒令、互赠礼物、元妃赏礼

第二十九回：清虚观打醮、端午伤情（宝玉砸玉，黛玉剪穗）
第三十回：机带双敲、痴及局外、误踢袭人
第三十一回：晴雯撕扇、翠缕湘云论阴阳
第三十二回：宝玉诉肺腑、金钏投井
第三十三回：宝玉挨打
第三十四回：探望宝玉、袭人进言、旧帕题诗
第三十五回：尝莲叶羹、结梅花络
第三十六回：梦兆绛云轩、情悟梨香院
第三十七回：结海棠社、夜拟菊花题
第三十八回：潇湘夺魁
第三十九回：刘姥姥论螃蟹宴
第四十回：两宴大观园、三宣牙牌令
第四十一回：品茶栊翠庵、醉卧怡红院
第四十二回：兰言解疑癖
第四十三回：攒金庆寿、撮土为香
第四十四回：凤姐泼醋、平儿理妆
第四十五回：结金兰契、闷制风雨词
第四十六回：邢夫人说媒、鸳鸯发誓
第四十七回：薛蟠遭打、湘莲出走
第四十八回：贾琏挨打、香菱学诗
第四十九回：白雪红梅、烧吃鹿肉
第五十回：芦雪庵联诗、宝琴立雪
第五十一回：薛小妹怀古诗、凤姐待袭人、麝月说晴雯、贾母评凤姐
第五十二回：晴雯补裘
第五十三回、第五十四回：除夕祭宗祠、元宵开夜宴
第五十五回、第五十六回：探春理家
第五十七回：紫鹃试宝玉
第五十八回至第六十一回：小人物的内讧、宝玉瞒赃、平儿行权

第六十二回：湘云醉眠、香菱斗草

第六十三回：群芳夜宴

第六十四回至第六十九回：悲题五美吟、红楼二尤

第七十回：重建桃花社、填柳絮词

第七十一回：有心生嫌隙

第七十二回：熙凤恃强

第七十三回：误拾绣春囊、不问累金凤

第七十四回：抄检大观园

第七十五回：宁府夜宴

第七十六回：中秋悲音、凹晶馆联诗

第七十七回：逐出大观园、晴雯夭亡

第七十八回：杜撰芙蓉诔

第七十九回：悔娶河东狮、误嫁中山狼

第八十回：香菱被虐

第八十一回至第一百二十回：四美钓鱼、潇湘惊梦、元妃染恙、贾环重结怨、薛蟠惹放流、黛玉解琴书、黛玉添香、妙玉出关、颦卿绝粒、宝蟾设计、宝黛谈禅、司棋之死、宴海棠花、宝玉失玉、元妃薨逝、调包计、黛玉焚稿、黛玉之死、香菱结恨、月夜幽魂、探春远嫁、金桂自焚、小鳅生大浪、查抄宁国府、熙凤抱惭、贾母散财、强颜庆生、五儿承错爱、贾母寿终、鸳鸯殉主、妙玉遭劫、凤姐托孤、真假宝玉、双美护玉、宝玉赶考、解救巧姐、宝玉出家、辞父遥拜、香菱扶正、袭人出嫁

1. 在《红楼梦》第二回“贾夫人仙逝扬州城，冷子兴演说荣国府”、第七十四回“惑奸谗抄检大观园，矢孤介杜绝宁国府”中都有人引用过“百足之虫，死而不僵”这句俗语，分别是谁引用的？引用的目的各是什么？

【题解】

同样的一句俗语，在不同的情节（语境）中，引用的目的不一样。

【答案】

冷子兴、探春。

目的：①冷子兴：贾府虽没有以前兴盛，但外表依旧繁华。②探春：不怕外部势力的摧毁，就怕内部的自我毁灭。

2. 阅读下面的文字，完成后面的题目。

一语未了，只听外面一阵脚步响，丫鬟进来笑道：“宝玉来了！”黛玉心中正疑惑着：“这个宝玉，不知是怎生个惫懒人物，懵懂顽童？”——倒不见那蠢物也罢了。心中想着，忽见丫鬟话未报完，已进来了一位年轻的公子……黛玉一见，便吃一大惊，心下想道：“好生奇怪，倒像在那里见过一般，何等眼熟到如此！”

…………

贾母因笑道：“外客未见，就脱了衣裳，还不去见你妹妹！”……宝玉看罢，因笑道：“这个妹妹我曾见过的。”贾母笑道：“可又是胡说，你又何曾见过他？”宝玉笑道：“虽然未曾见过他，然我看着面善，心里就算是旧相识，今日只作远别重逢，亦未为不可。”

文段中“这个妹妹我曾见过的”这句话，有什么表达效果？请根据上下文，结合《红楼梦》的故事背景简要分析。

【题解】

抓住句中的“见过”一词，并结合选文里的相关信息展开分析。

【答案】

示例：①宝玉话中的“见过”与黛玉心中的“眼熟”彼此呼应，这种心有灵犀与《红楼梦》“木石前盟”的故事背景正相暗合。

②宝玉张口“胡说”随后又用“算是旧相识”来化解，这与黛玉的暗自吃惊形成对比，展现出宝玉个性的率真。

3. 晚清李庆辰《醉茶志怪·说梦》中有辞赋一篇，为“代怡红公子吊黛玉之作”，下面是其中写林黛玉的句子：

①伶仃辞故里，聊投渭馆（舅家）以栖身。

②伤繁英之凋谢，一抔净土，锄成舍北花坟。

③观梅赏雪，闺帏擅名士风流。

④床头回首，犹呼浊玉之名。

⑤炉面飞灰，尽毁香奁之稿。

（1）请任选三句，分别写出该句在《红楼梦》中对应的情节。

（2）第④句中，“浊玉”指的是谁？“浊”字有什么含义？

【题解】

选出其中的三句是作答前提。

【答案】

（1）①林黛玉进贾府；②黛玉葬花；③芦雪庵争联即景诗；④黛玉临死，呼“宝玉，宝玉，你好……”；⑤黛玉临死焚诗稿。

（2）“浊玉”表示自谦，指宝玉自己。宝玉一直认为“女儿是水作的骨肉，男人是泥作的骨肉”，所以用这个词自称。

4. 下面是《红楼梦》第三回中林黛玉谢绝邀请的一段话。请仔细揣摩黛玉的回话，从委婉、得体的角度作简要分析。

邢夫人苦留吃过晚饭去，黛玉笑回道：“舅母爱惜赐饭，原不应辞，只是还要过去拜见二舅舅，恐领了赐去不恭，异日再领，未为不可。望舅母容谅。”邢夫人听说，笑道：“这倒是了。”于是黛玉告辞。

【题解】

这是林黛玉“步步留心，时时在意”心态下的具体表现，写出了林黛玉初进贾府时的谨小慎微，礼数周全。

【答案】

林黛玉简短的回话中包含了三层意思：①充分肯定了对方的美意；②申述了自己尽快离去的正当、充分的理由；③表示改日一定从命，请求对方谅解。黛玉的回话显得十分委婉、得体，得到了主人（邢夫人）的理解和尊重。

5.《红楼梦》中，王夫人初见林黛玉说：“我有一个孽根祸胎，是家里的‘混世魔王’。”这样介绍的用意有哪些？请简要概括。

【题解】

体察话语背后的意义。

【答案】

①看似责骂宝玉，实则表现对宝玉的疼爱；②暗示了宝玉性格的叛逆；③告诫黛玉不要接近宝玉。

6.《红楼梦》第五回，贾宝玉随贾母等赴宁国府赏梅，午间去房间休息，看见房内挂着一副对联“世事洞明皆学问，人情练达即文章”，你认为贾宝玉喜欢这副对联吗？请结合《红楼梦》中的相关情节阐述你的理由。

【题解】

结合相关情节探究贾宝玉的情感认知。

【答案】

示例：不喜欢。这副对联的意思是，把世间的事弄懂了处处都有学问，把人情世故摸透了处处都是文章。贾宝玉的行为恰恰与之相反。比如，贾政让宝玉去见贾雨村，宝玉总是表现得磨磨蹭蹭、情绪低落，很不愿意与之结交。贾宝玉是封建社会的叛逆者，他厌恶仕途经济，厌恶官场上的蝇营狗苟，他对封建社会的“世事洞明”和“人情练达”不可能认同。

7. 在《红楼梦》第五回“贾宝玉神游太虚境，警幻仙曲演红楼梦”中，警幻仙子命仙女们为贾宝玉演唱的《红楼梦》十二支曲，预示了小说中主要人物的命运。其中有一句曲词：“都道是金玉良缘，俺只念木石前盟。”这句曲词中涉及了小说中哪几个人物？暗示了贾宝玉怎样的性格和命运？请根据原著进行简要分析。

【题解】

曲词出自《终身误》，以宝玉口吻写宝钗、黛玉。

原文：都道是金玉良缘，俺只念木石前盟。空对着，山中高士晶莹雪；终不忘，世外仙姝寂寞林。叹人间，美中不足今方信：纵然是齐眉举案，到底意难平。

译文：别人都赞许金锁配宝玉的大好姻缘，而我只记挂着与绛珠草的前缘盟誓。只对着没有感情又故作清高的薛宝钗，始终难以忘怀聪明、傲世的林黛玉。感叹这人世间总有不够完美的事，到今天我终于相信了。虽是相敬如宾的夫妻，但貌合神离，心中对黛玉的思念久久不能消散。

“金玉良姻”指宝玉和宝钗，“木石前盟”指宝玉和黛玉。宝钗有个金锁，而且性情温柔，家世显赫，所以大家都说她和宝玉般配。黛玉前世是绛珠草，宝玉前世是神瑛侍者，二人前世就有渊源，宝玉转世后配五彩石，故有“木石前盟”的说法。

这句曲词暗示了贾宝玉对爱情的忠贞以及与林黛玉终究有缘无分，而与宝钗虽结了姻缘，但也终是葬送了彼此的青春与幸福。

【答案】

示例：这句曲词涉及了小说中贾宝玉、薛宝钗、林黛玉三个人物。曲词暗示了宝玉叛逆（反叛）的性格特点。宝玉追求和黛玉的自由爱情，反对与宝钗的符合家族利益、封建秩序的婚姻。曲词暗示了宝玉与黛玉的爱情悲剧，及宝玉与宝钗的没有爱情的悲剧婚姻。宝玉婚后仍不忘死去的林黛玉，对林黛玉一片痴情。

8.《红楼梦》中哪个人物被赞怀有“咏絮才”？列举能体现该人物诗才的两处情节。

【题解】

第五回判词有“堪怜咏絮才”之句，暗指林黛玉，形容其有过人的才华。

【答案】

林黛玉。诗才表现：芒种饯花，黛玉独自葬花哭作《葬花吟》，听得宝玉痴迷；海棠结社，众姊妹题咏菊花，黛玉夺魁。

其他还有：元妃省亲，黛玉替宝玉作诗《杏帘在望》，李纨住处因此得名“稻香村”；黛玉感慨史书中有才色的五位美女，作成《五美吟》，见解独特，咏史悲己；诗社中断一年，初春时节黛玉题诗《桃花行》，引起众人诗兴，重建诗社，易名桃花社；香菱进园子里居住不久，便找到黛玉，求黛玉教作诗，黛玉爽快答应。

9.《红楼梦》第五回中，贾宝玉在梦中看到的“金陵十二册正册”中有关于探春的歌词：“才自精明志自高，生于末世运偏消；清明涕送江边舰，千里东风一望遥。”

这一歌词与探春的哪些主要经历相关？请结合原著简要分析。

【题解】

关于探春相关情节的梳理盘点。

【答案】

这一歌词与探春的以下主要经历相关：

①在探春的带动下，大观园中创办了海棠诗社，探春写的诗虽然比不过黛玉和宝钗，相比迎春、惜春而言，却有一定的水平，可见探春的才气与志向。

②探春曾和李纨、宝钗一起临时管理家事，她不被家仆蒙蔽，明察秋毫，决断力强，并对大观园的管理进行了有力的改革，既增加了收益，又减少了

浪费，可见其才志之高。

③王善保家的带着家仆抄检大观园的过程中，探春愤怒之下打了王善保家的一耳光，表达自己对抄家的不满，也体现了贾家衰败之际她的无奈与痛苦。

④探春最终由贾政做主，远嫁海疆，离家千里。

10. 请简述《红楼梦》第十三回秦可卿托梦给王熙凤时说的“只有两件未妥”的事及其解决的办法。

【题解】

简述秦可卿托梦说的两件未妥的事及解决办法。

【答案】

“只有两件未妥”的事：第一件，祖茔虽四时祭祀，只无一定的钱粮；第二件，家塾虽立，无一定的供给。

解决的办法：趁现在富贵，在祖坟附近多置田庄、房舍、地亩，祭祀供给的费用都可以从里面出，并且将家塾亦设于那里。以后即使家族败落下来，子孙回家读书务农，有个退路，也可以保证对祖坟祭祀。

11. 简述《红楼梦》中贾珍请王熙凤到宁国府协理秦可卿丧事的原因和过程。

【题解】

概述原因和过程。

【答案】

示例：儿媳秦可卿死后，贾珍想把丧事办得体面些，可偏偏此时妻子尤氏犯病，不能料理事情。这时，贾宝玉向他推荐了王熙凤。于是贾珍便向邢夫人和王夫人提出请求，两位夫人征求王熙凤意见，王熙凤欣然表示愿意到宁国府协理丧事。

12. 阅读《红楼梦》有关章节，比较王熙凤协理宁国府和探春理家的相同点与不同点。

【题解】

王熙凤协理宁国府在第十三回至第十五回；探春理家在第五十五回至第五十六回。

【答案】

示例：

相同点：①都有敏锐的洞察能力，能抓住问题的要害。②都有出色的组织管理才能。③行事风格相似，亲力亲为，雷厉风行，令行禁止。

不同点：①目的不同：王熙凤是为了满足自己的权欲和虚荣；探春是出于对家族的责任感，为了家族的未来和发展。②态度不同：王熙凤八面玲珑，善用权谋，回避矛盾；探春不畏矛盾，不避亲疏，正人正己。③方式不同：王熙凤独断专行，威重令行，严刑峻罚，绝不通融；探春精于合作，善于协商，博采众长，深孚众望。④取利不同：王熙凤着眼个人私利，权钱交易，假公济私；探春关心家族利益，兴利除弊，开源节流，惠泽家族上下人等，目光长远。⑤性质不同：王熙凤的任务是临时的、专项的，她的工作主要是治理和整顿性质；探春的任务是日常的、全面的，她的工作具有改革和创新性质，对家族管理制度进行了革除旧弊、开创新体制的改革。

【链接】

《红楼梦》中，王熙凤和贾探春都曾“理家”，但做事风格不同，“理家”的特点也不同。

（1）请在表格②④处各填入一个四字词语，概括出她们理家的另一个特点。

人　物	理家特点	
王熙凤	①恩威并用	②
贾探春	③兴利除弊	④

（2）针对①③处的理家特点，举例说明她们的具体举措及此举引发的结果。

【题解】

把握人物理家的特点，举措要正确，与特点相对应，与结果相对应。

【答案】

（1）王熙凤：假公济私、令行禁止、严厉独断、赏罚分明等。

贾探春：雷厉风行、开源节流、义不避亲等。

（2）王熙凤协理宁国府恩威并用。王熙凤发现五大管理弊端，并一一做了改正，提出措施，各司其职，点卯整治，威重令行，迅速地把宁国府治理得秩序井然。

探春理家兴利除弊。探春看到贾府表面繁华实际存在很多弊端，决定进行一番改革。她主要做了三件事：一是取消宝玉、贾环、贾兰三人上学的点心、纸笔月钱；二是取消了各位姑娘购置头油脂粉的二两月例银子；三是由专人承包管理大观园。探春大刀阔斧、开源节流，既为贾府节省了开支，又让下人们得到了实惠。

13. 有人点评元春省亲："豪华虽足羡，离别却难堪。博得虚名在，谁人识苦甘？"请简述"元春省亲"主要情节，并探究作者安排兴建大观园和元妃省亲这两个情节的作用。

【题解】

简述情节，并探究其作用。

【答案】

情节：贾政之女元春被封为贤德妃，并获恩准省亲。为迎接元妃，贾府大肆铺张，建造豪华的大观园。元宵节元妃乘坐绣凤金銮大轿，前呼后拥地到来，骨肉相见，千言万语，伤心落泪。元妃在众人陪同下游园、开宴，赐园名为"大观园"，并将大观园各处分别赐名。命众兄弟姐妹各展才华题诗一首，以示庆贺。最后归省时辰到，元妃只得与亲人洒泪而别。

作用：①这两回是一部纲绪，金陵十二钗至此有十人出现；②凸显了贾府的极度奢华，暗示了贾府在朝廷当中的地位之重；③元妃省亲是贾府盛极之时，元妃离去，贾府开始衰落；④大观园里的故事也就从这里开始了。

14.《红楼梦》第十八回中写贾元春游赏大观园时，“进园来先从‘有凤来仪’‘红香绿玉’‘杏帘在望’‘蘅芷清芬’等处登楼步阁，涉水缘山，百般眺览徘徊”；并要求诸姊妹和宝玉给大观园中富有特色的建筑题匾赋诗。这些居所，后来分给黛玉、宝玉、李纨、宝钗等人居住。

居所的名称、环境与居住者的性格有怎样的关联？请任选一处居所，结合原著简要分析。

【题解】

答出居所名称、居住者姓名（或别号），写出其环境特征，分析其体现出的居住者的性格特征。

【答案】

示例一：“有凤来仪”后定名为“潇湘馆”，是林黛玉的居所，黛玉因此得号“潇湘妃子”。潇湘馆院内有千百竿翠竹遮映，清新幽静。“潇湘”一词暗含了传说中舜的两个妃子为死于苍梧的舜而泪染青竹的典故，隐含了黛玉多愁善感的性格特征。

示例二：“红香绿玉”后定名为“怡红院”，是贾宝玉的居所，宝玉也因此得号“怡红公子”。怡红院内种有西府海棠和数株芭蕉，海棠花红，芭蕉叶绿；这里的“红”，还可以理解为女孩子的代称，贾宝玉以怡红公子自居，暗含了他尊重、关爱女性的性格特征。

示例三：“蘅芷清芬”后定名为“蘅芜苑”，是薛宝钗的居所，宝钗亦因此得号“蘅芜君”。蘅芜苑内有各式山石，许多异草，初看无味，细品却不同寻常，隐含了宝钗看似安分守拙、实则颇有心机的性格特征。

15. 居所与人物性情密切相关，请描述《红楼梦》中某个人物的居所，表现出一定的氛围和特色。

【题解】

描述居所环境，表现出一定的氛围和特色。

【答案】

示例：潇湘馆是林黛玉的居所，元春省亲后令诸姐妹住进大观园时，黛玉入住该馆。馆侧翠竹掩映，沁芳溪水蜿蜒流经，整座小院建筑白墙黛瓦，极尽清幽，且色调皆素。潇湘之名，源自寄寓娥皇女英典故的湘妃竹。馆内寂寥清冷，书卷累牍，又兼书阁精巧，墨香醉人。怪道是刘姥姥曾笑语："像个公子书房。"一生泪绵的绛珠仙草只应静静居于幽篁之中。

16. 试简述"共读西厢"的主要情节。

【题解】

简明扼要叙述情节。

【答案】

三月桃花开时，宝玉在大观园里偷偷阅读《西厢记》，黛玉来后发现宝玉读的是《西厢记》，于是也认真阅读并记诵起来，二人还借《西厢记》里的词句互相表白、打趣。宝玉自比张生，比黛玉为莺莺，表达了爱慕之意。黛玉听后，假装生气了，黛玉说宝玉是"银样镴枪头"。宝黛二人心田从此萌生爱的火苗。

【链接】

观看下面这幅插图，概述所选插图表现的故事情节。

插图（《红楼梦》）

【题解】

交代清楚人物形象，简明扼要叙述情节。

【答案】

示例：宝玉在大观园中偷读《西厢记》，被正在葬花的黛玉看到。黛玉好奇索书，不想一读便爱不释手。宝黛二人沉醉于张生和崔莺莺的爱情故事。宝玉笑道："我就是个'多愁多病身'，你就是那'倾国倾城貌'。"黛玉顿时羞红了脸，嗔怪宝玉。

17. 阅读《红楼梦》第二十三回节选内容，根据要求完成题目。

早饭后，宝玉携了一套《会真记》①，走到沁芳闸桥边桃花底下一块石上坐着，展开《会真记》，从头细玩。正看到"落红成阵"，只见一阵风过，把树头上桃花吹下一大半来，落的满身满书满地皆是。宝玉要抖将下来，恐怕脚步践踏了，只得兜了那花瓣，来至池边，抖在池内。那花瓣浮在水面，飘飘荡荡，竟流出沁芳闸去了。

回来只见地下还有许多，宝玉正踟蹰间，只听背后有人说到："你在这里作什么？"宝玉一回头，却是林黛玉来了，肩上担着花锄，锄上挂着花囊，手内拿着花帚。宝玉笑道："好，好，来把这个花扫起来……"

宝玉听了喜不自禁，笑道："待我放下书，帮你来收拾。"黛玉道："什么书？"宝玉见问，慌的藏之不迭，便说道："不过是《中庸》《大学》。"黛玉笑道："你又在我跟前弄鬼。趁早儿给我瞧，好多着呢。"宝玉道："好妹妹，若论你，我是不怕的。你看了，好歹别告诉别人去。真真这是好书！你要看了，连饭也不想吃呢。"一面说，一面递了过去。林黛玉把花具且都放下，接书来瞧，从头看去，越看越爱看，不到一顿饭工夫，将十六出俱已看完，自觉词藻警人，余香满口。

注释：①《会真记》：唐传奇小说《莺莺传》又称《会真记》，元代王实甫据其改编为杂剧《西厢记》。

节选文字是如何表现宝黛之间的微妙情感的？请结合文段中的描写简要分析。

【题解】

从其中一个角度完整分析，要点完备，分析合理。

【答案】

示例一：节选文字通过描绘落花流水等春景，烘托了宝黛共读画面的美好，暗示出两个人志趣相投的情感基础。（从环境描写角度）

示例二：节选文字借刻画宝黛的言行举止，展现出宝黛在情感上的强烈共鸣，显示出宝黛从两小无猜到爱情萌发的情感变化。（从人物描写角度）

18.《红楼梦》第二十七回“滴翠亭杨妃戏彩蝶，埋香冢飞燕泣残红”写道：

（宝钗）想道：“况才说话的语音，大似宝玉房里的红儿的言语。他素昔眼空心大，是个头等刁钻古怪东西。今儿我听了他的短儿，一时人急造反，狗急跳墙，不但生事，而且我还没趣。如今便赶着躲了，料也躲不及，少不得要使个‘金蝉脱壳’的法子。”

上述话语中的“短儿”指什么事？“‘金蝉脱壳’的法子”又是指什么？请结合上述话语，简要概括宝钗的性格特征。

【题解】

主要考查对故事情节及人物性格的把握。

【答案】

（1）“短儿”指小红丢的绢子被贾芸捡到，当成了定情之物。

（2）“‘金蝉脱壳’的法子”指宝钗假装跟林黛玉捉迷藏，洗脱了偷听的嫌疑。

（3）性格：心思缜密，城府深，成熟稳重。

19. 阅读下面诗歌，根据要求回答后面题目。

西郊落花歌

清代　龚自珍

西郊落花天下奇，古人但赋伤春诗。

西郊车马一朝尽，定庵先生[1]沽酒来赏之。
先生探春人不觉，先生送春人又嗤。
呼朋亦得三四子，出城失色神皆痴。
如钱塘潮夜澎湃，如昆阳战晨披靡；
如八万四千天女洗脸罢，齐向此地倾胭脂。
奇龙怪凤爱漂泊，琴高[2]之鲤何反欲上天为？
玉皇宫中空若洗，三十六界无一青蛾眉。
又如先生平生之忧患，恍惚怪诞百出无穷期。
先生读书尽三藏[3]，最喜维摩卷[4]里多清词。
又闻净土落花深四寸，瞑目观赏尤神驰。
西方净国未可到，下笔绮语何漓漓！
安得树有不尽之花更雨新好者，三百六十日长是落花时。

注释：①定庵先生：作者自称。②琴高：传说中的得道仙人，骑着红鳞鲤鱼飞上天空。③三藏：经藏、律藏、论藏的总称。④维摩卷：《维摩诘所说经》，经中有天女散花的故事。

《西郊落花歌》中作者观海棠花落，以此“探春”和“送春”,《红楼梦》第二十七回中林黛玉埋葬落花，一首《葬花吟》道出了多少悲愁。请结合原著描述“黛玉葬花”的情景，简要分析其葬花时伤感的原因。

【题解】

考查对故事情景的描述及人物伤感原因的分析。

【答案】

情景：一阵风过，把树上的桃花吹下一大半来，落得满地皆是。只见黛玉来了，肩上担着花锄，锄上挂着纱囊，手内拿着花帚。她把落花扫了，装入袋里，细细地埋入园中一角的花冢。看着花冢，黛玉不禁呜咽起来，哭得好不伤感。她一面哭，一面道：“花谢花飞花满天，红消香断有谁怜？……侬今葬花人笑痴，他年葬侬知是谁？”

原因：①寄人篱下的命运。②多愁善感的个性。③前夜去宝玉处，晴雯不开门，黛玉错疑在宝玉身上，她失望伤心。④次日正遇上饯花之期，心中无尽的感伤难以排遣，于是寄情于花，借葬花以解绵绵愁思。

【链接】

观察下面的图画并进行描绘。要求描写细致，体现人物的性格特点或精神面貌。150字左右。

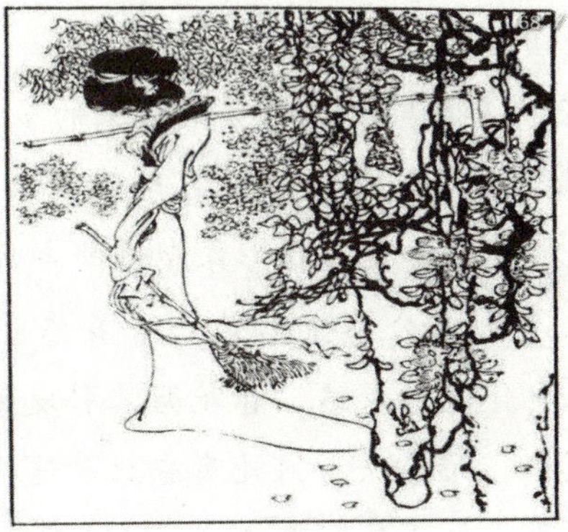

【题解】

从整体入手，有层次地观察画面，展开描写，符合原著内容。

【答案】

示例：枝头虽缀满开得烂漫的花朵，轻风拂过仍是落红阵阵，引人心生怜惜。黛玉手执花锄、花帚独自立于小径，花锄末端系着一个精巧纱囊，显然是为了存放花瓣准备的。轻风扬起她的衣袂，勾勒出伶仃轮廓，她下颌微含，不知是在为落花伤悲，还是因联想起自己的身世似无牵挂的花瓣一般随风逝去而暗自垂泪。花开得正盛，可她孑然的身影却显得那样怯弱，敛去所有尖刻的锋芒后，她只是个柔弱的女孩。

20.《红楼梦》第二十七回“滴翠亭杨妃戏彩蝶，埋香冢飞燕泣残红”回目中的“杨妃”“飞燕”分别指的是《红楼梦》中的哪个人物？请从“戏彩蝶”“泣残红”两个情节中选择一个，简要分析这一情节对于我们认识这一人物性格的作用。

【题解】

判断人物，明确人物性格特点，结合相关情节进行分析。

【答案】

示例：杨妃指的是薛宝钗；飞燕指的是林黛玉。

（1）“戏彩蝶”。故事主人公薛宝钗一直是矜持守礼的淑女，“戏彩蝶”是薛宝钗人生中绝无仅有的青春剪影，花间美少女追着那一双玉色蝴蝶，穿花度柳，娇喘细细。日常的矜守令人敬重，仅有的天真活泼令人怜惜，使读者看到了宝钗性格的另一面。

（2）“戏彩蝶”。这个情节写出了薛宝钗形象的多面性，既有扑蝶的青春活力，又有滴翠亭听墙根之后的急智心机，与薛宝钗一贯的矜持守礼、良善待人有一定的反差，更能体现小说人物形象塑造的丰富性。

（3）“泣残红”。故事主人公林黛玉是一个多愁善感的才女，感春悲秋、写诗制词正是她独特生命体验的表达，春花凋零引发她情感无着的生命悲思，为花瓣置一香丘，又写出“天尽头，何处有香丘”这样的《葬花吟》，其人生悲剧令人同情，艺术的表达却又令人赞叹。

（4）“泣残红”。这个情节既写出了林黛玉的多愁善感，也写出了林黛玉的品性高洁，是林黛玉一贯形象的典型体现。“一年三百六十日，风刀霜剑严相逼”，“质本洁来还洁去，强于污淖陷渠沟”，这样的生命体验和生命追求，体现了小说形象塑造的典型性。

21.《红楼梦》中，第三十七回海棠诗社起社时，探春为什么给黛玉取号“潇湘妃子”？作者这样安排有何用意？

【题解】

潇湘妃子，即林黛玉的字号。书中说，大观园中姐妹起诗社，众女儿各起字号，黛玉号为“潇湘妃子”。“潇湘妃子”原是古代传说中舜妃娥皇、女英哭夫而自投湘水，死后成湘水女神之称，也叫湘妃。曹雪芹为黛玉起这个名号，大概与娥皇女英的故事有关，以泪洒斑竹的娥皇女英象征黛玉的悲惨命运。

【答案】

原因：①黛玉住处潇湘馆有竹子；②斑竹又名湘妃竹，黛玉住处又名“潇湘馆”；③娥皇女英哭竹成斑，黛玉也爱哭，将来想宝玉，也要变成斑竹的。

用意：预示了黛玉的命运和结局。

22.《红楼梦》第四十五回中有一个情节写到，林黛玉心有所感，拟《春江花月夜》之格，制《秋窗风雨夕》词。请分析《秋窗风雨夕》在书中的作用。

【题解】

考查对《秋窗风雨夕》作用的理解与把握。

【答案】

《秋窗风雨夕》中一连串的“秋”，是黛玉的命运之秋，也是贾府由繁荣的春夏进入萧瑟秋天的象征。《秋窗风雨夕》已没有《葬花吟》中的那种抑塞之气和傲世态度，显得更加苦闷、颓伤。这对黛玉将来因悲愁泪尽而死，是一次重要的铺垫。

23.《红楼梦》第四十六回“我是横了心的，当着众人在这里，我这一辈子莫说是‘宝玉’，便是‘宝金’‘宝银’‘宝天王’‘宝皇帝’，横竖不嫁人就完了！”这段话是《红楼梦》中哪个人物说的？她为什么这么说？

【题解】

考查对鸳鸯及相关情节的把握。

【答案】

鸳鸯。贾赦看上鸳鸯，要向贾母讨了做妾。鸳鸯坚决拒绝。贾赦大怒，以为鸳鸯不愿嫁他是看上了宝玉或贾琏，便传话给鸳鸯，叫她休想，且不会放过她。于是在贾母等人面前，鸳鸯说了这些话，并铰发明誓至死不嫁。

24.《红楼梦》续书的第一百十一回，鸳鸯在贾母死后选择了自杀殉主。续书这样安排有何依据？请根据前八十回中的相关情节具体说明。

【题解】

能说出“鸳鸯抗婚”事件，依据相关故事情节进行分析。

【答案】

示例：鸳鸯殉主的主要依据是第四十六回中的鸳鸯抗婚事件。贾赦想娶鸳鸯为妾，遭到鸳鸯坚决反抗，后来在贾母的干涉下贾赦未能得逞。贾母死后，鸳鸯失去了庇护，难逃贾赦的魔掌，于是选择自杀。

25.《红楼梦》第四十八回中，贾赦拿着扇子问贾琏：“人家怎么弄了来？”贾琏只说了一句：“为这点子小事，弄得人坑家败业，也不算什么能为！”贾琏说的是谁？为何要说“不算什么能为”？

【题解】

考查对贾雨村夺取石呆子扇子相关情节的把握。

【答案】

贾雨村。原因：为了讨好贾赦，贾雨村竟借机敲诈石呆子“拖欠了官银”，抄来了旧扇，送给贾赦，贾琏认为贾雨村利用权力，巧取豪夺，手段卑劣，不能算有能耐。

26.《红楼梦》第五十七回，贾宝玉听了“你妹妹回苏州家去”这句话后，便如头顶上响了一个焦雷一般，“两个眼珠儿直直的起来”。谁说了“你妹妹回苏州家去”这句话？说这句话的用意是什么？这个情节在全书中有何作用？

【题解】

考查对“慧紫鹃情辞试忙玉”相关情节的把握。

【答案】

紫鹃。用意：试探宝玉对黛玉是否真心。作用：从侧面突出贾宝玉对林黛玉爱情的忠贞，也让宝黛的爱情彻底公开。

27. 在《红楼梦》第五十七回中，紫鹃曾以“万两黄金容易得，知心一个也难求”，感叹宝玉、黛玉心意相通的可贵。请从原著中举出两例，谈谈你对宝黛二人“知心”的理解。

【题解】

首先准确理解“知心”的内涵，再结合原著中的两个例子进行分析。

【答案】

示例一：我认为宝黛二人“知心”指二人有着相同的反叛世俗、反叛封建礼教的自由思想，所以能够心意相通。宝黛共读《西厢记》时，二人不顾忌此书为禁书，喜爱其中男女主人公追求爱情的自由，并互相打趣，可见二人互知对方心意，可见二人“知心”。在他人劝宝玉走仕途经济时，宝玉说“林妹妹不说这样混账话”，表明了宝玉对于黛玉支持自己反对世俗的心思的了解。黛玉在屋外听到落下泪来，可见黛玉对宝玉自由不羁性格的了解，可谓“知心”。

示例二：在“黛玉葬花”这一情节中，黛玉在暮春时节落泪葬花，在旁人眼中本是有些痴傻的举动，而宝玉却在听《葬花吟》后感动落泪，与黛玉一同将落花埋葬起来，可见二人心思都纯真敏感，能够理解对方。其次，在众人都劝宝玉读书走仕途经济时，黛玉却认可宝玉的选择。宝玉曾言：“林妹妹不说这样混账话，若说这话，我也和他生分了。”揭示了二人间不生嫌隙、心意相通的原因：二人的人生追求相似，不为世俗所困。两例都体现了宝黛互相理解、心意相通、追求相似的“知心”之处。

示例三：宝玉挨打后，黛玉来看他，两个眼睛哭得像桃子一般，说道：“你从此可都改了罢。”黛玉毫不掩饰自己对宝玉的心疼与关切，而宝玉素来对那些劝他走仕途考取功名的建议不屑一顾，甚至生气，但宝玉懂得黛玉只因心疼自己而并非拥护封建制度的真心意，可见二人知心。黛玉葬花一事中，宝玉陪黛玉一起将花埋葬，能够体会林妹妹细腻多情的心思，二人有对美好易碎的事物之守护、对高洁品质的追求、远离世俗淤污的共同心思，可谓知心。

示例四：知心，是指宝黛二人能相互理解、领会彼此的心意，因此有一种精神上的默契。例如，宝玉挨打后，黛玉肿着眼睛来劝宝玉，宝玉立刻明白她是为自己受伤而难过、担忧，便立刻说："你放心。"而黛玉在收到宝玉送来的两块旧帕子后，也立刻明白了宝玉的一片体贴之意。可见他们的交流无须借助太多语言。若无心有灵犀的契合，便难达到神交的境界。

示例五：知心，是指宝黛二人不仅心意相通、彼此理解，而且在为人处世上志趣相投、思想一致。例如，宝玉一见《桃花行》便知是黛玉所作，不觉落下泪来。可见宝玉素日深知黛玉曾经离丧，对其内心的孤独哀怨感同身受。又如，黛玉从不像宝钗、湘云那样劝宝玉走仕途经济之路，宝黛二人因为共有不愿与世俗同流的人生追求，关系更加亲密。

28.《红楼梦》第六十一回“投鼠忌器宝玉瞒赃，判冤决狱平儿行权”中平儿说：“大事化为小事，小事化为没事，方是兴旺之家。若得不了一点子小事，便扬铃打鼓的乱折腾起来，不成道理。”平儿说的是什么事情？最终是怎样处理的？请简要叙述。

【题解】

考查对玫瑰露事件的把握。

【答案】

玫瑰露事件。芳官向宝玉讨玫瑰露给柳五儿，柳五儿将舅妈送给自己的茯苓霜送给芳官；被林之孝家的发现，恰好王夫人房内最新少了玫瑰露，林之孝家的便把五儿母女交给凤姐；平儿打听到是赵姨娘命丫鬟彩云偷了王夫人的玫瑰露，为了息事宁人，同意让宝玉揽下这个事情，并让凤姐不再追究。

29. 以下是《红楼梦》第六十二回中描写“湘云醉卧”的一段文字，请在下列横线上填写一组四字词，分析这幅诗意的画面及史湘云的性格。

果见湘云卧于山石僻处一个石凳子上，业经香梦沉酣，四面芍药花飞了一身，满头脸衣襟上皆是红香散乱，手中的扇子在地下，也半被落花埋了，一群蜂蝶闹穰穰的围着他，又用鲛帕包了一包芍药花瓣枕着。众人看了，又是爱，又是笑，忙上来推唤挽扶。湘云口内犹作睡语说酒令……

卧具：青石为床、①____________

睡态：香梦沉酣、②____________

环境：③____________、红香满身

性格：④____________、随性适意

【题解】

“湘云醉卧”又称“湘云醉眠”，用四字词概述画面及人物性格。

【答案】

①落花为枕（或芍药花枕）

②憨态可掬（或娇憨可爱、妩媚娇美）

③蜂围蝶绕

④豪放旷达（或率真坦荡）

30.《红楼梦》第六十七回，宝钗把她哥哥薛蟠从江南带来的土产都分配给了众姐妹，诸人都喜而道谢。黛玉是怎样的表现？请简要分析。

【题解】

考查对“见土仪颦卿思故里”相关情节的把握。

【答案】

黛玉流泪不止。触物伤情，宝钗所送之物全是家乡之物；东西是宝钗哥哥给的，使她想起自己父母双亡、无兄无弟的悲惨境遇，勾起了寄人篱下、无人疼爱的忧愁。表现了黛玉多愁善感、抑郁寡欢的性格特征。

31. 贾宝玉与林黛玉是知己，是知音。《红楼梦》第七十回中，从哪些情节可以看出宝玉和黛玉的情分不同于别人？

【题解】

通过情节印证宝黛二人的关系。

【答案】

宝玉与黛玉是知己，是知音。首先，黛玉作桃花诗，宝玉读之流泪，他已经能感知到黛玉诗里凋零的命运之叹，即便在宝琴、宝钗反驳时，仍然很肯定桃花诗是黛玉所写，因为他知道黛玉在用生命写诗，也最懂黛玉的心。其次，宝玉在贾政归来时忙着补作业，宝钗和探春都在贾母面前说帮宝玉写字，唯黛玉未置一词，“自己只装作不耐烦，把诗社便不起，也不以外事去勾引他”，却悄悄帮他写好一卷字，且是笔迹相仿的蝇头小楷。可见二人的情分确实不同于别人。

32. 试简述“抄检大观园”的主要情节。

【题解】

考查对故事情节的把握，叙述清楚事件的背景、起因、经过、结果。

【答案】

园子里发现了绣春囊，王夫人担心宝玉乱性，听信了王善保家的挑拨，下令抄检大观园。邢夫人暗示绣春囊可能是凤姐的，凤姐为自己辩解。王善保家的、周瑞家的等婆子进了大观园。他们首先在怡红院内搜查一番，遇到了晴雯的抵抗，把一箱子东西全都翻出来，也没找到什么。在潇湘馆里搜到的只是宝黛二人小时的手帕等玩物。凤姐提出薛宝钗是亲戚，不抄检蘅芜苑，众人同意。几处抄检一无所获。在惜春的大丫鬟入画的箱子里搜出了一大包银子，惜春无情地抛弃了入画。探春声泪俱下地痛斥这次搜查，在王善保家的拉她的衣襟一掀时，她狠狠地扇了王善保家的一巴掌。迎春的大丫鬟司棋与表弟潘又安私下款通的鞋袜和香袋被搜出，司棋被赶出了园子。这次抄检的结局是，晴雯、入画、司棋等丫鬟被赶出大观园，芳官、蕊官等被迫到水月庵削发为尼。

33.《红楼梦》第七十六回“凸碧堂品笛感凄清，凹晶馆联诗悲寂寞”中，写贾府中秋赏月，本应热闹高兴，为什么却有“凄清”“寂寞”之意？请结合原著相关内容加以分析。

【题解】

考查对“凸碧堂品笛感凄清，凹晶馆联诗悲寂寞”相关情节的把握。

【答案】

贾母听闻悲怨的笛声，受到触动而流泪，大家也都有凄凉寂寞之意；黛玉、湘云去凹晶馆，黛玉以“冷月葬诗魂”与湘云“寒塘渡鹤影”联诗，使人感到过于凄清悲凉。

34.《红楼梦》第七十八回贾宝玉曾写《芙蓉女儿诔》的祭文，他祭奠的是谁？请简要概述她的死因。

【题解】

考查对晴雯死因相关情节的把握。

【答案】

晴雯。抄检大观园时，晴雯冲撞王善保家的，王善保家的借机向王夫人进谗言，王夫人硬把病重的晴雯撵出大观园。晴雯在家中病情加重，羞愤死去。

35.《红楼梦》第七十八回中，贾宝玉写有《芙蓉女儿诔》祭文，脂评曰：“此诔文，知虽诔晴雯，实乃诔黛玉也。”你是怎么理解的？

【题解】

考查对《芙蓉女儿诔》相关内容及情节的理解与把握。

【答案】

示例：在《红楼梦》中，黛玉与晴雯是代表两个阶层的令人同情的女性，二者之间相互映衬，相得益彰。作者在艺术构思上，是想借晴雯的悲惨遭遇来烘托黛玉的不幸命运。黛玉《葬花吟》中“花谢花飞花满天，红消香断有谁怜”“一朝春尽红颜老，花落人亡两不知”等，其情韵与诔文非常相似，并且透露了黛玉死后同样无人过问的结局。因此，脂评特别指出应对照黛玉逝后诸文来读这篇诔文。宝玉后来“对景悼颦儿”时，在抒情的角度与深度上虽然有所不同，但与此刻诔晴雯的心情是相似的，二者有种暗示、呼应作用。

手 法

《红楼梦》的写作手法丰富，有谐音法、谶语法、影射法、用典法、皴染法、反照法、草蛇灰线法、一击两鸣法、金针暗度法、特犯不犯法、不写之写法等多种方法。

谐音法。把贾家四姐妹命名为元春、迎春、探春、惜春，这是谐“原应叹息”的音；在贾宝玉神游太虚幻境时，警幻仙姑让他饮的茶“千红一窟”，是“千红一哭”的谐音，又让他饮“万艳同杯”的酒，酒名是“万艳同悲”的谐音，这样的手法几乎贯穿了全书。

谶语法。具体可分为诗谶、谜谶、戏谶、语谶等。诗谶如贾宝玉梦游太虚幻境时看到的判词，隐喻了众女子未来的结局。谜谶如第二十二回“制灯谜贾政悲谶语”回目已说得很清晰了。戏谶如元妃省亲时点的四出戏——《豪宴》《乞巧》《仙缘》《离魂》影射了八十回后的四个关键情节，即贾家之败、元妃之死、宝玉出家、黛玉之死。语谶如第七回周瑞家的送宫花时与贾惜春的对话。

影射法。分为两种，一种是人物之间的影射，如“晴为黛影，袭为钗副”，晴雯是林黛玉的影子，袭人是薛宝钗的影子；另一种是象征性的，用物品来影射人，如风筝是贾探春的象征，放风筝影射了贾探春后来漂流海外。

用典法。中国的传统文化博大精深，二十四史、先秦散文、楚辞、汉赋、唐诗、宋词、元曲、民间戏曲小说，浩如烟海。曹雪芹巧妙地把它们融入到小说的创作中。如将娥皇女英“湘妃竹”的故事运用到了林黛玉的身上。

皴染法。如写荣国府，作者不是一次交代完结，而是先后通过冷子兴演说荣国府、林黛玉初进贾府、刘姥姥进荣国府等不同的情节，以不同人的眼光、多角度多层面展开的。

反照法。也叫“背面傅粉”，即正面人物，贬写；反面人物，褒写。比如贾宝玉是个正面人物，作者在开始部分却用了大量的文字反复地贬写，就是采用此法。

草蛇灰线法。如第八回薛宝钗看通灵宝玉一事，由于前文对通灵宝玉之奇多有伏笔，至此发生这样的情节才不会突兀，后文北静王看玉，张道士看玉，贾宝玉失玉，佳人双护玉，延绵不断。

一击两鸣法。如第七十八回贾宝玉撰《芙蓉女儿诔》，宝黛二人曾就“茜纱窗下，小姐多情；黄土陇中，丫鬟薄命”展开探讨，逮至改为“茜纱窗下，我本无缘；黄土陇中，卿何薄命”，黛玉听了，忡然变色，明眼人都看得出，表面是诔晴雯，实则又在诔黛玉。

金针暗度法。如第三十六回“绣鸳鸯梦兆绛芸轩”，前文对宝钗黛之间的爱情纠葛已铺叙得十分到位，推进到此处无须再繁文展开，文中表面只写了一句宝玉的梦话“什么是金玉姻缘，我偏说是木石姻缘”，实际却把几人的情感关系及爱情走向交代得清清楚楚了。

特犯不犯法。如同样写黛玉拜见舅父，贾赦是在书房身上不好不忍相见，贾政是今日斋戒去了没法相见，一丝不犯。又如同样是劝人，袭人之劝宝玉与平儿之劝贾琏，各不相同，等等。

不写之写法。如第四十回“两宴大观园”众人吃饭时大笑一节。这是一段快活的时光，大家笑翻全场，却唯独没写薛宝钗的反应。这正是作者的有意为之，是“不写之写”。宝钗没有任何反应，正与其沉稳娴静的品性相契合。

《红楼梦》的写作方法还有很多，如云龙雾雨法、云罩峰尖法、虚敲实应法、分叙单傳法、由近渐远法、带笔白描法、未扬先抑法、春秋字法、倒卷帘法、繁章法、暗透法、拆字法、补遗法、错综法等。

1.《红楼梦》第三回的回目，有的版本作“贾雨村夤缘复旧职，林黛玉抛父进京都”，有的版本作“金陵城起复贾雨村，荣国府收养林黛玉”。请你结合“林黛玉进贾府”的相关情节，就横线上的部分，指出哪个版本的回目更好，写出理由。

【题解】

从版本入手进行探究。

【答案】

示例一：认为“林黛玉抛父进京都”好。“抛”字作抛弃讲，主观上由于难以抗拒的原因被动放弃。回目的意思是林黛玉客观上被动抛舍下自己的父亲林如海，主观上不愿离开父亲。可以看出父女的情感，又有悲剧意味。同时“抛父”还可以制造悬念，小女孩怎么能做出“抛父”的举动呢？吸引读者阅读。

示例二：认为“荣国府收养林黛玉”好。“收养”意味着林黛玉的可怜弱小、身世凄凉，蕴含悲剧意味。同时也暗示读者从此以后林黛玉将“客居”在荣国府，直至去世。言简意赅。

2. 脂砚斋曾用朱笔顶批指出“乱判”一节文字是“只借雨村一人，穿插出阿呆兄人命一事”，“但其意实欲出宝钗”。你是否认同脂砚斋的观点？请结合《红楼梦》第四回的前后章节及你对《红楼梦》的整体认知，谈谈你的看法。

【题解】

从写作意图角度进行探究。

【答案】

示例：认同。脂砚斋的观点有一定道理。在《红楼梦》中，薛宝钗和林黛玉是两个非常重要的人物，既然前面三回引出了宝黛两位主人公，而且描写了他们的第一次见面，那么第四回引出宝钗，当是题中应有之义。同时，作者对宝钗的进京作了详细交代，既写出了薛家进京的政治、经济方面的原因，又介绍了直接的导火线，从各方面显示出薛家进京是必然趋势。作者意图通过薛家进京的必然性，写出宝钗进府的合理，从而展开宝玉爱情婚姻悲剧这一中心情节。但写贾雨村徇私枉法和薛霸王打死冯渊一事，又不只是为了引出宝钗，也是为了以贾雨村乱判葫芦案为中心，介绍整个封建社会的大环境，从而深刻揭示封建末世的时代特征，为写以贾府为代表的贵族腐化没落埋下伏笔。

3.《葬花吟》是曹雪芹借诗词塑造人物形象的重要作品，明为咏花，实则写人，具有强烈的艺术感染力，它在《红楼梦》中的地位举足轻重。请你说出在小说中这首诗的作者，并结合其性格特征赏析其中“柳丝榆荚自芳菲，不管桃飘与李飞”这两句诗。

【题解】

明确人物形象，先解释诗句，然后从手法入手进行赏析。

【答案】

《葬花吟》这首抒情诗的作者是孤高自许、目下无尘的林黛玉。这两句诗的意思是柳条与榆荚只自顾自地显耀自己的芬芳与繁盛，哪管美丽芬芳的桃花飘零与李花凋零纷飞。作者运用拟人手法，通过对榆柳的痛斥，托物咏怀，体现了黛玉多愁善感的性格，表达了其伤春之情，寄予了她因寄人篱下而对世态炎凉、人情冷暖的愤懑之情，体现了她的抑郁不平之气。

4.《红楼梦》中，贾宝玉对林黛玉的爱情，既缘于“木石前盟”，也有其他的原因。下面两个细节，一般认为能够体现一些“其他原因”，请你就此作简要分析。

①湘云笑道：“你就不愿读书去考举人进士的，也该常常的会会这些为官做宰的人们，谈谈讲讲些仕途经济的学问。”……宝玉道：“林姑娘从来说过这些混账话不曾？若他也说过这些混账话，我早和他生分了。”（取材于《红楼梦》第三十二回）

②或如宝钗辈有时见机导劝，反生起气来，（宝玉）只说“好好的一个清净洁白女儿，也学的钓名沽誉，入了国贼禄鬼之流。”……独有林黛玉自幼不曾劝他去立身扬名等语，所以深敬黛玉。（取材于《红楼梦》第三十六回）

【题解】

依据提供的文本，抓住其中的关键信息，谈认识分析。

【答案】

示例：宝黛第一次见面时，有“木石前盟”的感应，也有一见如故的情感基础。但在后来的交往中，黛玉不曾劝宝玉去立身扬名，不拿仕途经济思想来规劝宝玉，所以宝玉视她为知己，敬重她超越流俗的精神。因此，宝黛爱情的基础不仅有颜值、前世盟约的因素，更有志趣相投、人生观相同的因素，而后者正是宝玉坚定选择黛玉的主要原因。

5. 阅读下面这首诗歌，完成文后的问题。

咏　菊[①]

潇湘妃子

无赖诗魔昏晓侵[②]，绕篱欹石自沉音[③]。
毫端蕴秀临霜写，口角噙香对月吟。
满纸自怜题素怨，片言谁解诉秋心[④]？
一从陶令平章后，千古高风说到今。

注释：①本诗选自《红楼梦》第三十八回“林潇湘魁夺菊花诗，薛蘅芜讽和螃蟹咏”，写的是众姐妹及宝玉饮酒赏菊、宴集斗诗，共成诗十二首，其中潇湘妃子诗作以“诗也新，立意更新”夺魁。②无赖：纠缠不清。诗魔：指诗人不可抑止的创作冲动。③沉音：沉吟。④秋心：感秋而生的情怀。合即“愁”字。

请写出潇湘妃子代指何人，并简要分析《咏菊》诗能夺魁的理由。

【题解】

明确人物形象，并探究诗作夺魁的理由。

【答案】

林黛玉。

理由：①写咏菊但没直接写菊花；②强调咏而不在菊；③通过诗反映人的品质。

6. 脂砚斋在评价《红楼梦》人物时说："真正美人方有一陋处。"意思是说有缺陷的美人，才是真正的美人，活的美人。请从《红楼梦》中选取一个人物，谈一谈你对这句话的理解。

【题解】

指出缺陷之美，并结合内容分析。

【答案】

示例一：林黛玉。林黛玉是真正的美人，她容貌美丽，才情高，但同时也有一些缺陷，比如尖刻、小性儿、敏感多疑。这跟林黛玉自幼失去双亲、寄人篱下、孤独无助的生长环境有关。黛玉以自己的尖刻来保护自己，同时也得罪了很多人。但这样的黛玉更加真实，更是"活的美人"。

示例二：薛宝钗。宝钗容貌美艳动人，学识渊博，性格温和贤惠，然而受封建礼教思想影响太深，过于克制，稳重大方有余，活泼灵动不足，有时精于算计，且冷酷无情。比如，宝钗在撞见小红谈论私事时，金蝉脱壳，转嫁给黛玉；金钏儿投井后，宝钗为安慰王夫人竟然说"金钏儿之死不足挂惜"之类的话，令人颇有微词。宝钗是一个"有缺陷"的真美人。

7.《红楼梦》中的人物取名是门艺术，曾有"省力之甚，醒目之甚，却是俗中不俗"的评价，例如，迎春的丫鬟取名"司棋"，用字平常，但大有深意。请从《红楼梦》中另举一例，谈谈你对取名"俗中不俗"的理解。

【题解】

曹雪芹给人物取的名字，看起来俗，但很有深意，主要运用了谐音、联用、暗示等方法。有的暗示了人物的命运，比如甄英莲；有的则是对情节发展的某种隐喻，比如贾雨村；有的概括了人物的某种性格特点，比如卜世仁、石呆子；有的是对人物行事为人的绝妙讽刺，比如葫芦，暗示糊涂；有的是对人物故事的某种暗示，比如元春四姐妹的名字，暗示“原应叹息”。

结合作品内容举例恰当，分析合理。其中分析取名的“俗”——可从取名的选字、用词等角度展开；分析取名的“不俗”——可从取名中暗示的人物性格、命运、小说情节、主题等角度展开。

【答案】

示例：所谓“俗中不俗”，是指作者给人物取的名字，看起来俗，但很有深意。比如甄英莲——真应怜。作为隐士的女儿，取名“英莲”，大众且俗。她是甄士隐的女儿，也就是香菱，后来成为薛蟠的妻妾。她本是官宦之家的掌上明珠，因为元宵节被人拐走，从此命运颠沛流离，被人贩子打，卖与人做妾，处处受压。“真应怜”，真的应该可怜，运用了谐音，且暗示其身世的悲惨。

8. 曹雪芹在《红楼梦》中描写了许多与琴、棋、书、画、诗、酒、茶有关的雅人雅事。作者这样创作的用意是什么？请结合具体情节谈谈你的理解。

【题解】

明确创作用意，结合《红楼梦》中“雅人雅事”的相关情节分析。

【答案】

示例一：作者描写雅人雅事，旨在用文字将日常生活审美化，创造出一个优雅、精致的生活世界。如饮酒行令本是古人宴席之常，而宝玉生日时湘云要求行令中有古文、古诗、曲牌名等，使得酒令得以展现人物才思，在娱乐活动中蕴含审美情趣，使得小说有别于人生本来之庸常，呈现出诗意的趣味和雅致的格调。

示例二：作者描写雅人雅事，旨在彰显大观园这一青春王国的美好与洁净。如探春以花笺寄宝玉，提议仿效古人结社吟诗，众人一改姐妹叔嫂之俗称，以别号相称，以七律吟咏白海棠，各显风流。雅兴、雅行、雅号、雅集，一切均不染尘俗，无关物欲，作者借此构建出一个不受俗世所扰、与污浊庸俗的外部世界对立的精神天地。

示例三：作者描写雅人雅事，旨在增加小说的悲剧色彩。如芒种祭饯花神，元宵各制灯谜，生日掣取花签等雅事，又如怜花葬花的黛玉、雪水烹茶的妙玉等雅人，其事雅致风流，展现出生活的浪漫多姿，其人超凡脱俗，展现出生命的高洁自持，越是如此，书中世界就越令读者歆慕，其消亡时也就越令人悲伤和慨叹。

示例四：作者这样创作的用意是营造一种美的氛围，将书中人物的日常生活打造为张扬性灵的审美空间。作者在书中描写黛玉吟诗葬花一幕，着墨甚多，让读者看到了寄人篱下、多愁善感的黛玉。那飘飞的落红与黛玉婉转而悲戚的吟咏，在此便形成了一幅极具审美张力的图画，不仅展现了中国传统诗词艺术的美，而且借黛玉之口，表达出作者对于当时女性的同情与怜惜，体现出当时的社会实际状况与作者的审美观。

9.《红楼梦》细腻地展现了贵族世家的生活画卷，其中描写的很多日常活动都极富文化气息。请从原著中分别举出三个具体情节，加以印证。

【题解】

从原著中举出三个具体情节，印证贵族世家的很多日常活动都极富文化气息。

【答案】

示例：①黛玉初进贾府时，宴席上贾母独坐，李纨和凤姐均在案旁服侍，其他人则严格按长幼尊卑入座，体现了贵族世家的文化礼仪。②第二十二回元宵佳节后，围绕元妃送来的白纱灯，大家纷纷猜灯谜，而且大家的灯谜都大有深意。③刘姥姥二进大观园时，贾母设宴行酒令，要求字字押韵，贾府的女子皆出口成章。

10. 宴会是《红楼梦》中一道美丽的风景线，有生日宴、节日宴、欢迎宴、游赏宴等。

请从《红楼梦》中选取一场宴会，从人物形象、故事情节、文化内涵三个层面中，任选一个角度对宴会进行简要赏析。

【题解】

选择一场宴会，对场景进行介绍，并从人物形象、故事情节、文化内涵三个层面中，任选一个角度作简要分析。

【答案】

示例：我选林黛玉进贾府时，贾母招待林黛玉的欢迎宴。宴席上贾母独坐，“李、凤二人立于案旁布让”；迎春三姊妹告了座方上来按长幼就座。座次等级严格，尊卑长幼有序。又如“外间伺候之媳妇丫鬟虽多，却连一声咳嗽不闻。寂然饭毕，各有丫鬟用小茶盘捧上茶来”。吃饭寂然，一如“食不语”的要求，饭后依次漱口、盥手、吃茶，富贵豪族之家饮食烦琐的礼仪，一一遵守，不得违逆。

11.《红楼梦》的许多情节中，都出现了“手帕”。请选择其中一处，简要概述相关情节，并说明手帕在其中的作用。

【题解】

选择一处跟手帕相关的情节，概述情节，说明作用。

【答案】

示例一：情节：宝玉挨打后，黛玉哭红了眼睛，因为担心黛玉，宝玉派晴雯给黛玉送了两条旧手帕，黛玉见到手帕先是不解，后又神魂驰荡，觉得可悲、可喜、可笑、可惧又可愧。她在帕子上题了三首诗来表达自己的心情。

作用：①宝玉送帕子是告诉黛玉“就怕你多心、就怕你哭坏身子”。②说明自己珍惜旧情，始终如一，不要担心。③“丝帕”谐音“思”。黛玉题诗是明白了宝玉的真心，多年情感得到印证。从此二人不再猜忌，感情趋向成熟和明朗化。曹雪芹借旧手帕完成了宝黛情感的确认，这是对之前“宝玉诉肺腑”的回应，也为接下来二人情感成熟明朗化做了铺垫，构思精巧。④为后文黛玉焚稿断痴情做铺垫。

示例二：情节：怡红院丫头小红丢了手帕很着急，向小丫头坠儿询问。后来知道是被来院子监理种花草的贾芸捡去。两人本就互有好感，这回贾芸借机托坠儿把自己的帕子还给小红，小红暗暗接受了帕子也接受了贾芸的示爱。

作用：①贾芸借用手帕在试探小红的心，小红接受信物则代表接受这份情谊，勇敢掌握自己的命运，心思缜密；②手帕这个定情信物，促成了一段姻缘，作者借一方小小的手帕推动情节，塑造人物，实在精妙。

12.《红楼梦》里多处写到了“扇子”，如“宝钗用扇扑蝶”“晴雯撕扇”“贾赦夺石呆子之扇”等。请从上述三个故事中任选一个，概述相关情节并对人物作简要分析。

【题解】

从三个故事中任选一个，概述情节，对相关情节进行分析。

【答案】

示例一：宝钗到潇湘馆，想找黛玉一起玩，看到宝玉先进去了，怕引起猜疑就避开来。这时她看到两只玉面蝴蝶非常可爱，就追上去企图捉住玩耍。宝钗随着蝴蝶赶到滴翠亭，香汗淋漓，娇喘细细。宝钗用扇扑蝶，体现了宝钗活泼、天真烂漫、富有青春气息的性格。

示例二：端午佳节间，晴雯给宝玉换衣时失手把他的扇子跌折，宝玉便训斥了她几句，晴雯的自尊心受到伤害，还击了一通。宝玉赴宴回来，仍和晴雯有说有笑，听说晴雯喜欢听撕扇子的声音，就任凭她将自己的扇子撕了，最后又把麝月的扇子也撕了。晴雯撕扇，体现了晴雯天真幼稚、张扬率性的性格，也为其后来的遭遇埋下伏笔。

示例三：贾赦看中了石呆子收藏的二十把古扇，便让贾琏前去谈价。石呆子死活不肯卖。此后贾雨村诬以拖欠官银之罪，将石呆子家产罚没，扇子也抄了来，做了官价，送给了贾赦。贾赦夺石呆子之扇，体现了贾赦蔑视王法、欺负平民的性格。

13.《红楼梦》中有很多地方写到了色彩。这些色彩或由景而生，渲染环境气氛；或借衣饰居所，烘托人物形象；或见于诗词曲文，寄托思想情感……请从原著中举出两例，加以分析。

【题解】

要举出两例色彩的作用。这两例可以共同指向一个作用，也可以分别指向不同的作用。例子需指出具体颜色或色彩特征，符合原著描写，分析合理。

【答案】

示例一：《红楼梦》中多处写到色彩。如宝钗服用的冷香丸，由白花的花蕊制成。白色清冷素净，缺少暖意，暗示了宝钗冷静克制、寡淡少情的特点。再如宝玉住在怡红院，又号“怡红公子”，其中的“红”字源于院中“女儿棠”的颜色，“怡红”二字有对少女的欣赏与怜爱之意，反映了宝玉的独特志趣，也与全书“千红一哭”的主旨相呼应。

示例二：《红楼梦》中多处写到色彩。如王熙凤初登场时的打扮，可谓“彩绣辉煌”：大红、赤金、豆绿、石青……色彩艳丽，华美夺目，既从侧面表现出王熙凤在贾府中的地位，又暗示了她张扬泼辣的性格。又如“雪天联句”一回中，宝琴站在山坡上，身后的丫鬟抱着一瓶红梅。远远望去，白茫茫的天地中托出一点娇红，将踏雪寻梅定格为一幅美丽的画卷。

示例三：书中着意写了湘云的大红猩猩毡。湘云常在冬季穿此红衣，并着像男子衣物的服饰，烘托出湘云“爱武装”的特点，凸显她的率真直爽，可谓“是真名士自风流”，“红”烘托了人物形象。结局处刻画了宝玉拜别贾政时一片冰雪大地的“白”，宝玉向父亲叩头，随一僧一道消失于白茫茫的雪地，只留贾政仍觉虚幻，此处出现的白色渲染出阒静且极为空荒的环境氛围，突出了小说“一切兴衰归彼大荒，只留白茫茫大地真干净”的主题。

14.《红楼梦》书中，曹公或以雪营造气氛，推动情节发展；或直书雪中雅事，烘托人物形象；或以雪入诗，展示丰富寓意……请从上面任选一个角度，概述与雪有关的内容，并加以分析。

【题解】

以雪为载体，考查了两个角度：①客观环境描写角度，营造气氛、推动情节发展、烘托人物性格；②特定意象角度，展示丰富寓意、暗示家族兴衰、揭示人物命运、象征人物性格、隐喻情节走向等。

具体涉及内容：

1. 以雪营造气氛，推动情节发展

（1）第八回　比通灵金莺微露意，探宝钗黛玉半含酸

（2）第四十九回　琉璃世界白雪红梅，脂粉香娃割腥啖膻

（3）第五十回　芦雪庵争联即景诗，暖香坞雅制春灯谜

（4）第一百二十回　“甄士隐详说太虚情，贾雨村归结红楼梦”与第五回的“飞鸟各投林”前后呼应。

2. 直书雪中雅事，烘托人物形象

（1）宝钗：采雪入药

宝钗的奇处，在于僧道赐她的那服神奇的药方：冷香丸。“冷香丸”以雨、露、霜、雪调匀春之白牡丹、夏之白荷花、秋之白芙蓉、冬之白梅花的花蕊，雪为小雪这一日所采集的雪。宝钗犯了病，就吃一丸，长此以往，也养成了冰雪一般的性子，冷淡似雪。以宝玉之眼看来，她“如出浴太真，长着一段银白的酥臂”；以贾母之眼看来，她“住在雪洞样的房子里”；以兴儿之口道来，她“竟是雪堆出来的”。她自己也作诗云“冰雪招来露砌魂”，最终的命运，也如一根金簪子，埋在雪里。

（2）妙玉：栊翠庵茶品梅花雪

“梅花雪”，表现了妙玉极度“讲究”的性格特点，突出了她骨子里的“高洁”。然而，妙玉的“高洁”，“高”得莫测缥缈，“洁”得不近人情。在目空一切的妙玉眼里，连黛玉也是“大俗人”，她对黛玉和宝钗本是另眼相看，

却因为黛玉不懂雪水的妙处而称其“竟是大俗人”；正合了红楼梦曲中《世难容》对其的评价：“太高人愈妒，过洁世同嫌。”对宝玉明明青眼相看，把自己的杯子给他用，又故意说是看了钗黛二人的面子，其言其行，真的应了“欲洁何曾洁，云空未必空”的判词。

（3）湘云：芦雪庵雪中烤鹿肉

下雪的一日，婆子们扫雪开径，迎接披蓑戴笠的小姐们前来芦雪庵作诗。当世人都在捋臂出拳欲要大展雄才之时，看似清秀干净的湘云却做出了“极为腌臜的事儿”，要啖腥茹血，吃生肉，边吃还边说道：“你们都是假清高，最可厌的。我这会子腥膻大吃大嚼，回来却是锦心绣口。”湘云不愧为“自风流”的“真名士”。

（4）宝琴：雪中艳立

琉璃世界，除了白雪红梅以外，还少不了雪中的美人。曹雪芹就特意为薛宝琴设置了这样一个标致非常的场景：四面粉妆银砌，一个披着凫靥裘的女子在山坡上遥等，身后一个丫鬟抱着一瓶红梅。世人都笑着说，像极了仇十洲所画的《艳雪图》。立在雪地里的薛宝琴，这时候简直胜过了葬花的黛玉、扑蝶的宝钗、醉眠的湘云，形成了一幅超常脱俗的至美画境。

3. 以雪入诗，展示丰富寓意

（1）护官符

贾不假，白玉为堂金作马。阿房宫，三百里，住不下金陵一个史。东海缺少白玉床，龙王来请金陵王。丰年好大雪，珍珠如土金如铁。

在书中第四回出现的护官符，通过门子的口，将贾史王薛四大家族的权势、富贵道了出来。在护官符里，“丰年好大雪”，这里面的雪就是指四大家族中的薛家。这四家皆联络有亲，一损皆损，一荣皆荣，扶持遮饰，俱有照应的。这里的“雪”是谐音，主要代指薛家，过着“珍珠如土金如铁”的奢侈生活。但“丰年好大雪”同样将四大家族的权势熏天表现得淋漓尽致。因为强抢民女、打死人的薛蟠就是“丰年好大雪”的“雪”，所以贾雨村就徇私枉法、乱判此案了。

（2）第五回《红楼十二曲》“收尾·飞鸟各投林”

为官的，家业凋零；富贵的，金银散尽；有恩的，死里逃生；无情的，分明报应。欠命的，命已还；欠泪的，泪已尽。冤冤相报实非轻，分离聚合皆前定。欲知命短问前生，老来富贵也真侥幸。堪破的，遁入空门；痴迷的，枉送了性命。好一似食尽鸟投林，落一片白茫茫大地真干净！

“好一似食尽鸟投林，落一片白茫茫大地真干净”是作者为《红楼梦》一文既定的大结局的意象。这支曲子是《红楼十二曲》的总结，也是大观园里众多女子悲剧命运的概括。它宣告了四大家族的彻底崩溃，揭示了封建社会必然走向灭亡的历史命运。

这里写到了十二个女子的各种生活遭遇、性格、结局。史湘云是贵族之家的千金小姐，但家业已经衰败；薛宝钗家资巨富，但已挥霍殆尽；巧姐临难遇恩人，得以死里逃生；妙玉冷眼看人世，落得身陷泥淖中；贾迎春抵债嫁给孙绍祖，被活活折磨而死；林黛玉叛逆封建礼教，为宝玉泪尽丧身；秦可卿饮辱自缢；贾探春避祸远嫁；元春身封贵妃而不得善终；李纨因子得贵也实侥幸；贾惜春看破红尘，削发为尼，遁入空门；王熙凤执迷不悟，机关算尽，结果送了性命。凡此种种，形形色色，哪一条路也不通，哪一条命运也不佳。这是封建社会穷途末路彻底崩溃的前兆，所以作者的结论就是：“好一似食尽鸟投林，落一片白茫茫大地真干净！”

（3）薛宝钗判词

可叹停机德，堪怜咏絮才。玉带林中挂，金簪雪里埋。

薛宝钗姓薛，“薛”“雪”谐音。书中凡是涉及薛宝钗的判词、曲子等，均有一个“雪”字。在《红楼梦》中，薛宝钗与林黛玉都是金陵十二钗“正册”第一页上的人物。正册“头一页上便画着两株枯木，木上悬着一围玉带，又有一堆雪，雪下一股金簪。也有四句言词，道是：‘可叹停机德，堪怜咏絮才。玉带林中挂，金簪雪里埋’”。

判词中所说“玉带林中挂，金簪雪里埋”，不仅仅是谐二人姓名之音，更是说二人所处非地：玉带是荣华宝贵的象征，却挂在枯木林中，说明黛玉最终未能和宝玉结成良缘；而金簪埋在雪里，也暗示了宝钗终为宝玉所弃的结局。

简言之，①推动情节发展：第四十九回、第五十回，一场大雪引出宝玉寻梅、宝琴披裘立雪、芦雪庵即景联诗、史湘云割腥啖膻等情节。②烘托人物形象：妙玉以梅花雪烹茶——高洁，史湘云赏雪啖膻——豪放。③展示丰富寓意：“收尾·飞鸟各投林”中“落一片白茫茫大地真干净”隐喻结局。

【答案】

示例一：作者以雪来营造气氛，推动情节发展。前夜下雪，众人齐聚，贾母赏宝玉鹿肉，宝玉与湘云在芦雪庵烤鹿肉，引众人来聚于此。因外面下雪，众人提议作诗为乐。凤姐吟出一句“一夜北风紧”，众人接句，宝玉未应出，故被人要求去找妙玉乞红梅。在这个情节中，雪是故事的起因，并推动情节的发展，营造了冬月寒冷的氛围，也反衬出众人关系的融洽。

示例二：选“直书雪中雅事，烘托人物形象”。作者写到众人赏雪，聚在芦雪庵，贾母派人送来两块鹿肉，让小辈们好好玩闹一番，在其他姐妹或是赏雪，或是吟诗，风雅成趣时，湘云和宝玉拿了鹿肉便在一旁烤起来。她大口喝酒，大口吃肉，体现出与其他姐妹不同的豪迈。这一雪中雅事烘托出湘云的豪爽、不拘一格、自由随性，体现出“是真名士自风流”，丰富了人物形象。

15.《红楼梦》对日常生活细节的描写，具有以小见大的艺术效果。请举出一例加以赏析。

【题解】

从日常生活细节的角度探究。细节描写表达恰当，内容符合原著，围绕“以小见大”赏析，具体合理。

【答案】

示例一：在《红楼梦》中，“宝钗扑蝶”这一处生活细节，具有以小见大的艺术效果。在书中，宝钗本是一个温文尔雅、雅正端庄之人，但在扑蝶时却一改前态，充分展现了一幅花季少女释放青春活力的美丽景象，由此可看出社会对于女性的规范要庄重，迫使女性不得不将自己的性格隐藏起来。

示例二：晴雯撕扇这一生活细节体现了晴雯具有的鲜明人物特色。她作为一个丫头，敢在主子面前摆脸色，又由宝玉亲自来哄，让她撕了两把扇子之后才消气，体现了晴雯的心气高傲和小性子。正因如此，她才不受老妈子待见，被告黑状，后被逐出大观园，又因心气高傲最终病死，应了判词中“心比天高，身为下贱”的悲惨命运。

示例三：在刘姥姥二进大观园时，刘姥姥说自己吃一只老母猪不抬头。

然后各位姐妹便都笑开了花，可每个人的动作与神态却都不同。从对每个人物微小的描写中反映出每个人物的性格，比如黛玉只是捂嘴笑、宝玉笑倒在贾母怀中等皆体现着每个人物的行事风格与不同性格，具有以小见大的效果。

示例四：《红楼梦》描写林黛玉居所，茜纱窗外潇湘竹隐有斑驳泪迹，清风冷院更添凄清之感，描绘出凤尾森森、龙吟细细的清冷小院，以小见大，契合林黛玉孤高自赏、清冷孤寂的性格特点，为其以后闻听宝玉娶宝钗为妻后，如潇湘竹般泪尽而亡做出铺垫，暗示黛玉孤苦而亡、凄清惨淡的结局。

示例五：《红楼梦》中在大观园还未落败之际，日常每月给上学的公子们不少不必要的钱财，使得贾府常年处于入不抵出的状态。而这样的日常细节也暗示四大家族注定会因经营不善而落败的大结局。

16. 经典名著《红楼梦》以其独特的魅力，为人们所熟知。有人说："大师的笔触，处处惊人。"请从作品中任选一处笔触，可以是情节设置、细节刻画、手法运用、遣词造句等，阐释其"惊人之处"。要求条理清楚，言之有物。

【题解】

从艺术手法鉴赏的角度探究。

【答案】

示例一：大师的笔触处处惊人，《红楼梦》中作者的千里伏线着实惊人。以黛玉焚稿为例，当年宝玉挨打，黛玉动了真情后，曾在宝玉给的旧帕子上题诗，而此刻她却把这帕子一并焚毁。其惊人之处有二：其一，体现出作者对宏大叙事的整体把握。作品的神话架构与现实结构再次重合。黛玉是来人间以泪水还甘露之恩的，她把与宝玉之情烧掉，便是尝尽泪水，泪尽人亡。其二，体现出作者对人物塑造的高度统一性。黛玉是诗魂，从《葬花吟》《咏菊》等即可看出，诗是她的存在方式，焚烧掉真情之诗，也就象征她的自焚。可见大师笔触着实不凡。

示例二：《红楼梦》中作者对王熙凤出场时的细节描写，可谓大师笔触。该段以初进贾府的林黛玉视角切入，最先从凤姐"我来迟了，不曾迎接远客"

的语言写起，一句话透出其爽朗的性子。紧接着通过一大段服饰描写，“头上戴着金丝八宝攒珠髻，绾着朝阳五凤挂珠钗”，“下着翡翠撒花洋绉裙”，以大红大绿的打扮渲染出一位富贵少妇的形象，也暗示了她张扬的个性和略俗气的审美。最后，以诗化的语言刻画其外貌，“一双丹凤三角眼，两弯柳叶吊梢眉，身量苗条，体格风骚，粉面含春威不露，丹唇未启笑先闻”，对其形象做了经典的总结。总体来看，此段细节描写从多角度切入，渗透了作者的文化素养和文化功底，而凤姐的形象浑然出现在眼前，令人拍案叫绝。

语　言

《红楼梦》的语言艺术成就代表了中国古典小说语言艺术的高峰。作者只用三言两语，便勾画出一个个活生生的具有鲜明个性特征的形象；作者笔下每一个典型形象的语言都具有自己的个性，从而使读者仅仅凭借这些语言就可以判别人物。作者的叙述语言，也具有高度的艺术表现力，包括小说里的诗词曲赋，不仅能与小说的叙事融成一体，而且这些诗词的创作也能为塑造典型人物的性格服务，做到了“诗如其人”——切合小说中人物的身份口气。

其基本特色是：

一、质朴自然。这是《红楼梦》语言艺术的基本风格。如初进贾府的林黛玉问姊妹们读何书时，贾母道：“读的是什么书，不过是认得两个字，不是睁眼的瞎子就罢了。”（第三回）这样的文字俯拾皆是。

二、富有哲理。哲理性的语言具有形象、隽永、隐喻、明喻等特点，是从生活经验中提炼出来的。这种语言，往往以一句浅显的成语形式说明抽象的道理，因而具有普遍的意义和持久的生命力。如“外面架子虽未倒，内囊却也尽上来了”（第二回），“不是东风压西风，就是西风压倒东风”（第八十二回）等等。这些富有哲理意味的名言，给人以生活的智慧启迪。

三、运用俗语。运用俗语谚语，是话本的语言传统，《红楼梦》则更上一层楼，它的改造更加贴切，更符合人物的身份和事物的本质。如“拔一根寒毛比咱们的腰还粗”（第六回），“既有今日，何必当初”（第二十八回）等。

四、富于情趣。小说中，最富于情趣的文字，以描写凤姐的最多，其次是描写宝玉和黛玉、宝钗之间爱情纠葛的文字。如凤姐笑道：“我又不会作什么湿的干的，要我吃东西去不成？”（第四十五回）宝玉看宝钗的红麝串时不觉呆了，黛玉道：“只因听见天上一声叫唤，出来瞧了一瞧，原来是个呆雁。”（第二十八回）便是这类饶有情趣的文字。

1. 阅读下面三段文字，回答后面的问题。

①“正是呢，我一见了妹妹，一心都在他身上了，又是喜欢，又是伤心，竟忘记了老祖宗，该打，该打。”

②“你也不用说誓，我很知道你心里有‘妹妹’，但只是见了‘姐姐’，就把‘妹妹’忘了。”

③“凭他是谁，除了林妹妹，都不许姓林的！”

曹雪芹在《红楼梦》中善于运用对比法，通过个性化的语言来塑造“同中迥异”的人物。上述三段话中都有“妹妹”，请分别说出出自谁人之口，并结合说话人的形象对其语言进行赏析。

【题解】

首先判断人物是谁，再结合语言进行赏析。

【答题】

示例：（1）这三句话分别是王熙凤的“奉承语”、林黛玉的“吃醋语”、贾宝玉的“痴情霸道语”。

（2）①王熙凤善于逢迎，每天事务繁忙，风风火火。她的语速快且多是短句，但她会千方百计地哄老祖宗（贾母）开心、讨老祖宗的宠爱。②林黛玉猜忌多疑，所以语气中含酸意。她最介意的是薛宝钗和自己在宝玉心中的地位高低，因为她明白，薛宝钗无论家境、人品还是才华容貌都不逊色于自己，而且更有“金玉良缘”的舆论造势，所以黛玉总是在日常生活中时刻衡量着宝玉心里的爱情天平到底倾向于“姐姐”还是“妹妹”。③贾宝玉对林黛玉一往情深，时时说出痴语，而“林妹妹”这三个字每天不知要在心里想多少遍，嘴里说多少遍，特别是在二人拌嘴后，见着黛玉哭泣，宝玉便“打叠起千百样的款语温言来劝慰”，要将“林妹妹”喊上百遍千遍。

2.《红楼梦》第二十三回“西厢记妙词通戏语，牡丹亭艳曲警芳心”中有一段文字，高鹗对曹雪芹的原稿进行了修改。有人认为从情节、人物形象等方面来看，这样改并不好。请你谈谈自己的看法。

黛玉把花具放下，接书来瞧，从头看去，越看越爱，不顿饭时，将十六出俱已看完。但觉词藻警人，余香满口。虽看完了，却只管出神，心内还默默记诵。宝玉笑道：“妹妹，你说好不好？”黛玉笑道：“果然有趣。”（曹雪芹稿）

黛玉把花具放下，接书来瞧，从头看去，越看越爱，不顿饭时，已看了好几出了。但觉词句警人，余香满口。虽看完了，却只管出神，心内还默默记诵。宝玉笑道：“妹妹，你说好不好？”黛玉笑着点头儿。（高鹗稿）

【题解】

表明态度，结合文本从人物表现、主题表现等角度进行比较分析。

【答案】

示例一：同意“这样修改不好”的看法。因为这段文字是“宝黛共读西厢”情节。曹雪芹原稿要突出林黛玉的聪明。黛玉用“果然有趣”来回答宝玉的问话，表现出他们有共同的性格、理想及审美趣味，用“共读西厢”来表现二人叛逆性格和宝黛纯真爱情这一主题。而高鹗的修改，体现不出林黛玉的聪明，也与后面“虽看完了，却只管出神，心内还默默记诵”矛盾。“黛玉笑着点头儿”只表明她认可宝玉的观点，不能体现出他们志趣、性格一致的特点。

示例二：不同意“这样修改不好”的看法（即认可高鹗的修改）。高鹗的修改也有他的道理。这段文字是“宝黛共读西厢”情节。在高鹗看来，以林黛玉当时的年龄，在不到一顿饭的工夫，读完《西厢记》是不可能的。所以用了现实主义手法，客观描写人物。同时用“点头不语”来体现林黛玉作为贵族小姐的含蓄、矜持的特点，也表现出她对宝玉的观点心悦诚服的心理状态。高鹗的修改只是客观描写了宝黛“共读西厢”这件事，没有加入主观思想情感。

3.《红楼梦》第十七、十八回“大观园试才题对额，荣国府归省庆元宵”中，贾政称宝玉为“无知的孽障”，第三十三回“手足耽耽小动唇舌，不肖种种大承笞挞”中，又称之为“不肖的孽障”，请结合相关情节，说明这两处的“孽障”分别表达了贾政对宝玉什么样的感情。

【题解】

通过对不同语境中关键语句的分析，体会所表达的感情。

【答案】

第十七、十八回“题对额”时，宝玉常有新奇之论，在“稻香村”（后命名）对“杏帘在望”的命名及阐释，令众人拍手道妙。贾政称宝玉为“无知的孽障”，有敲打宝玉不要自得之意，实则更多的是表现了贾政对贾宝玉的认可、满意与自豪之情。

第三十三回，贾政因宝玉见贾雨村无精打采，与丫鬟金钏儿调情致使其投井而死，结交戏子蒋玉菡得罪忠顺亲王府等不肖事件，加上贾环的趁机进谗言，震怒之下将宝玉痛打一顿，称宝玉是“不肖的孽障”，是真生气情态下发自内心的愤怒与不满，是言辞严厉的责骂。

4.《红楼梦》中，宝玉挨打时相继有人来劝阻，下面两句话分别是谁说的？为什么口吻不同？

①若有你活着，便死一百个我也不管。

②你原来是和我说话！我倒有话吩咐，只是可怜我一生没养个好儿子，却教我和谁说去！

【题解】

从人物的身份、地位角度分析。

【答案】

王夫人、贾母。原因：王夫人是贾政的妻子，她只能旁敲侧击，以哭贾珠来委婉提醒贾政不要下手太重；贾母是一家之主，地位高，是贾政的母亲，语气充满了责备和讽刺。

5.《红楼梦》第三十四回中，宝玉挨打后，宝钗前来探望，临走时对袭人说："你只劝他好生静养，别胡思乱想的就好了。不必惊动老太太、太太众人。倘或吹到老爷耳朵里，虽然彼时不怎么样，将来对景，终是要吃亏的。"

有的版本在"不必"前加了一句"要想什么吃的、玩的，你悄悄的往我那里取去"。对于塑造薛宝钗形象来说，你认为这一句加好，还是不加好？请结合上文及原著其他相关情节谈谈你的理由。

【题解】

从故事情节及人物性格等方面分析。

【答案】

示例一：加上好。"要想什么吃的、玩的，你悄悄的往我那里取去"，照应的是前面宝钗送去治伤丸药表示对宝玉的关心，实际上也在委婉提醒袭人，不要将前面的薛蟠挑唆、贾环告密等事情四处传播追究，以免有人挑拨，贾政会觉得宝玉不干正经事儿，不利于贾政和宝玉的父子关系；同时也避免引起荣府内部之间的矛盾。故加上这句话更好。

示例二：加上不好。加入这一句不符合宝钗端庄稳重的淑女形象。在探望宝玉时，她已经因为说出心疼宝玉的话而自悔失言，此时叮嘱袭人，只会让她好好照料宝玉，不会说出"悄悄的往我那里取去"这样有私相授受嫌疑的话。在《红楼梦》中，宝钗始终是一个极其符合封建礼教要求的女性，不会做任何逾越礼教要求的事。她不与宝玉玩笑，更因金玉之说时时远着宝玉，在咏白海棠时，她写下的"珍重芳姿昼掩门，自携手瓮灌苔盆"诗句，正是对身份的自重，也被李纨评价为"含蓄浑厚"。考虑到这一点，宝钗自然不会说出题目中的话来。

6.《红楼梦》第六十三回中，大观园里群芳夜宴，湘云抽到一支花签，题着“只恐夜深花睡去”，黛玉因而笑言，将“夜深”二字改“石凉”两个字倒好，黛玉为什么要这样说？从中可以看出湘云怎样的形象特点？

【题解】

从黛玉的“石凉”入手，分析作品中的重要情节及人物性格。

【答案】

贾宝玉等过生日那天，湘云吃醉了图凉快，在山子后头一块青板石凳上睡着了，四面芍药花飞了一身，满头脸衣襟上皆是红香散乱，手中的扇子掉在地下，一群蜂蝶围着她，后来被人推醒，嘴里还说着酒令。黛玉所说“石凉”，就是暗指“湘云醉眠”一事，是对湘云的挖苦和嘲讽。

湘云的形象特点：襟怀坦荡、开朗豪爽、不拘小节、才情卓越。

主　题

对于《红楼梦》的主题，不同的人看法很不一致。据粗略统计，有“自律解脱说”“吊亡说”“补天说”“人情说”“色空说”“衰亡说”“生活说”“大旨谈情说”“青春悼亡说”“阶级斗争说”等，又有人称其为“政治小说”“伦理小说”“社会小说”“种族小说”“哲学小说”“道德小说”“爱情小说”“人情小说”“文化小说”等。

比如，王国维说：“《红楼梦》者，悲剧中之悲剧也。”蔡元培认为：“《石头记》者，清康熙朝政治小说也。”而胡适则指出：“《红楼梦》是一部隐去真事的自叙：里面的甄、贾两宝玉，即是曹雪芹自己的化身；甄、贾两府即是当日曹家的影子。”仁者见仁，智者见智，各不相同。

《红楼梦》以宏大的叙事结构、细腻生动的笔触，深入、全面、立体地描写了贾府的家庭生活，留下了一个贵族家庭生活的时代剪影，展现了生活的真实性、丰富性与复杂性。读者也因各自认知视野、鉴赏能力、审美趣味和立场观点的不同，对小说的主题做出了不同的阐释与判断。

1.《红楼梦》一书“大旨谈情”。请从贾政和贾宝玉、贾宝玉和林黛玉、薛宝钗和史湘云、林黛玉和紫鹃中任选一组，结合原著，阐述他们之间或真挚或深沉的情感。

【题解】

基于小说主题探究人物之间的情感。任选一组，阐述“他们之间或真挚或深沉”的情感，“或”字表明只聚焦一个角度即可，而“之间”则要体现交互性。

对四组人物之间的情感关系，分别简要说明如下：

（1）贾政和宝玉的亲情（父子情）

情节：第二回宝玉抓周、第十七回大观园试才题对额、第三十三回宝玉挨打、第一百二十回雪地里辞父遥拜。

（2）宝玉和黛玉的爱情

情节：前世：第一回木石前盟。

今生：情窦初开——第三回接外孙贾母惜孤女（宝黛初会）、第十九回意绵绵静日玉生香（青梅竹马）、第二十三回西厢记妙词通戏语（共读西厢）；热恋——第二十七回埋香冢飞燕泣残红（黛玉葬花）、第三十二回诉肺腑心迷活宝玉（诉肺腑）；心心相印——第三十四回错里错以错劝哥哥（宝玉赠帕）、第五十七回慧紫鹃情辞试忙玉（紫鹃试玉）；结局——第九十七回林黛玉焚稿断痴情（黛玉焚稿）、第九十八回苦绛珠魂归离恨天（黛玉之死）。

（3）宝钗和湘云的友情（姊妹情）

情节：第三十二回湘云敬爱宝钗（湘云曾说：“我但凡有这么个亲姐姐，就是没了父母，也没妨碍的！”）、第三十二回宝钗主动接去了袭人要湘云做的针线活、第三十七回宝钗资助湘云办螃蟹宴、第三十七回湘云的真情表白（“我若不把姐姐当亲姐姐一样看，上回那些家常话烦难事也不肯尽情告诉你了。”）。

（4）黛玉和紫鹃的友情（主仆情）

情节：第八回紫鹃派雪雁给黛玉送小手炉、第二十九回紫鹃劝解黛玉吐药、第三十回紫鹃劝解黛玉解开了黛玉的心结、第三十五回紫鹃耐心地开导让黛玉去吃药、第五十七回慧紫鹃情辞试忙玉、第九十七回见黛玉病危紫鹃想起宝玉的誓言便想起找宝玉质问、第九十八回紫鹃守护在弥留之际的黛玉身旁。

第九十七回黛玉真心对紫鹃（黛玉说：“妹妹，你是我最知心的。虽是老太太派你服侍我，这几年我拿你就当作我的亲妹妹。”）。黛玉对紫鹃的好，小说主要用紫鹃对黛玉的好来反衬。

【答案】

示例一：“大旨谈情”指作者用大量笔墨来描绘人物的情感。贾政和贾宝玉之间的父子关系看似紧张，实则蕴含着深沉的情感。在贾府一行人初次到大观园观览之时，贾政让人叫上宝玉一同为大观园各处匾额题词，虽嘴上批评宝玉见识浅薄，实则因儿子的才华心中暗喜。至于后文的宝玉挨打，其实也是因为宝玉的种种劣迹不合具有封建正统思想的贾政的心意所致，本质上还是父亲对儿子深切的期望，是望其成才的深沉父爱。即便如此，宝玉也从未埋怨过父亲，而是敬爱父亲，甚至在出家前还考中了科举，了却了父亲的心愿。

示例二：“大旨谈情”意思是主旨谈人与人之间的情感。贾宝玉和林黛玉之间有着深沉的情感。宝黛二人从小青梅竹马，两小无猜，黛玉第一次葬花遇宝玉，二人都怜惜美；在桃花树下，二人共读西厢，宝玉借戏文表达心意，二人情投意合，爱情产生萌芽。宝黛之间常因“金玉良缘”而拌嘴，宝玉安慰黛玉“亲不间疏，先不僭后”，二人感情较众人更为浓厚深沉；宝玉曾送黛玉自己的旧手帕，黛玉立刻懂得宝玉所表达的心意，说明二人是知己，心灵相契，情感深沉。

示例三：《红楼梦》“大旨谈情”体现在薛宝钗和史湘云之间的真挚情感。宝钗了解湘云的处境，也很体谅她。湘云想做东邀社，但苦于囊中羞涩，宝钗便建议用她哥哥那里现成的螃蟹开螃蟹宴，解决了湘云的难处，还宽慰湘云不要多心，二人共同拟了十二首菊花题，可见宝钗对湘云真切的关爱和体贴。湘云也曾说过若宝钗是她的亲姐姐，就是没了父母也是没有妨碍的，可见湘云对宝钗的敬佩与喜爱。所以二人情同姐妹，有深厚且真挚的友情。

示例四：《红楼梦》“大旨谈情”大致是谈人情意。黛玉与紫鹃之间有真挚的情感。二人虽为主仆，但黛玉从未将紫鹃当作下人对待，而是视紫鹃如亲妹妹。黛玉包容体谅紫鹃，紫鹃对黛玉也是真心一片。那日，黛玉雪天去宝钗家，紫鹃怕黛玉体弱便差雪雁送小手炉；她深知黛玉的心思并为黛玉着急，便借黛玉要回姑苏情辞试宝玉，后来甚至劝黛玉趁贾母身子硬朗把事情定下来；在黛玉病重之际，贾府喧嚣之中就只有紫鹃守着黛玉；黛玉死后紫鹃不愿意侍奉他人，最终选择跟随惜春出家。由上足以看出黛玉与紫鹃超越主仆的真挚的姐妹深情。

2. 请结合《红楼梦》相关情节的阅读，谈谈你对木石前盟和金玉良缘含义的理解。

【题解】

明确含义，结合相关情节进行解说分析。

【答案】

木石前盟：指的是林黛玉和贾宝玉的爱情。“木”指林黛玉的前世为绛珠仙草，“石”指贾宝玉的前世为神瑛侍者。神瑛侍者在太虚幻境时曾以甘露灌溉绛珠仙草，使其得以久延岁月，后来绛珠仙草脱去草木之形，幻化成人，修成女体。绛珠仙草为酬报灌溉之恩，决定随神瑛侍者下世，将一生所有的眼泪偿还给他。“木”与“石”相互倾心的自由爱情，注定难容于封建家族的利益需求，所以作者一开始就以“还泪”之说暗示其悲剧性。

金玉良缘：指的是薛宝钗与贾宝玉的婚姻。“金”指薛宝钗戴的金锁，上面錾了“不离不弃，芳龄永继”八个字，据说“等日后有玉的方可结为婚姻”；“玉”指贾宝玉戴的“通灵宝玉”，上面錾了“莫失莫忘，仙寿恒昌”八个字，刚好与金锁上的字相契合。“金”与“玉”的结合，符合封建贵族家长利益联姻的需求。

3. 有人认为，《好了歌》及其注解是一首纲领性的“悟歌”。请结合原著内容谈谈你的理解。

【题解】

对《好了歌》及其注解以及思想主旨的把握。

【答案】

示例：我认同这种说法。所谓“好”，便是对世俗欲望的反讽，也是对这种追求的警告；所谓“了”，则是给世俗之人指引的出路，劝告世人繁华皆有尽头，万事最后皆空。《好了歌》及其注解是对功名利禄、妻儿子嗣等人生观的否定。一是对以“功名”为代表的功利主义人生观的否定。“陋室空堂，当年笏满床；衰草枯杨，曾为歌舞场”“古今将相在何方？荒冢一堆草没了”，表达了对以功名富贵、出将入相为人生目标的“仕途经济”之路以及对瞬忽荣枯的戏剧人生的鄙夷。二是对以“金银”为代表的拜金主义人生观的否定。以“金满箱，银满箱，展眼乞丐人皆谤”“及到多时眼闭了”予以讥讽。三是对以“娇妻”为代表的享乐主义人生观的否定。以“说什么脂正浓、粉正香，如何两鬓又成霜？昨日黄土陇头送白骨，今宵红灯帐底卧鸳鸯”“君生日日说恩情，君死又随人去了”予以讥讽。四是对以“儿孙”为代表的未来主义人生观的否定。以“训有方，保不定日后作强梁。膏粱，谁承望流落在烟花巷”“痴心父母古来多，孝顺儿孙谁见了”予以讥讽。《好了歌》及其注解形象地刻画了人类社会的人情冷暖、世事无常，并对这种“乱烘烘你方唱罢我登场”的景象予以鞭挞和批判。正确地理解它，对了解和探索《红楼梦》的题旨非常重要。

4. 在《红楼梦》第二回中，冷子兴曾转述过贾宝玉的“男女观”：“女儿是水作的骨肉，男人是泥作的骨肉。我见了女儿，我便清爽；见了男子，便觉浊臭逼人。”你是否同意宝玉的上述见解？请从《红楼梦》中选择一个人物，结合相关情节简要说明。

【题解】

首先表明态度，然后结合具体人物，列举相关情节，说明看法。

【答案】

示例一：我认同这一见解。《红楼梦》中的女儿各有千秋，都是些异样女子。以林黛玉为例，她敏感多疑，因年幼失去双亲常触动伤感的情绪，她整日以泪洗面，但又不肯降下自己的心性，孤标傲世。她珍爱落花，会为落花而心痛，并感伤于花的纯洁，由此可见她的精神品性之高洁。

示例二：我同意上述见解。《红楼梦》中的晴雯性格叛逆，不会因自己是奴仆而失去应有的尊严。对宝玉，她重情重义，病补雀金裘，将自己的心血耗尽。宝玉很受触动，曾为她倒茶，捂手暖手。但因在抄检大观园时反抗，晴雯最终被王夫人撵出大观园，逃不脱悲惨的命运。晴雯死后，宝玉作《芙蓉女儿诔》深情祭奠这位清爽叛逆的女子。

5. 在《红楼梦》第二十二回“制灯谜贾政悲谶语”中，贾政猜完四春的灯谜后，心内沉思道：“娘娘所作爆竹，此乃一响而散之物。……今乃上元佳节，如何皆作此不祥之物为戏耶？”

有人说，贾府的命运与元春的命运是紧密相连的。请根据以上材料，结合原著情节，谈谈你对这一说法的理解。

【题解】

结合原著情节，谈对贾府命运的认识与理解。

【答案】

示例：元春身为皇妃，贵不可言，贾府因元春被封为贵妃，愈加显赫，元妃省亲，正如爆竹飞天，盛极一时。但是，这一切注定只是烈火烹油、昙花一现，元春暴病而亡，贾府不久便被抄家，正如爆竹燃尽，灰飞烟灭。可见，爆竹灯谜及原著情节确实向我们昭示了贾府的命运与元春的命运是紧密相连的。

6.《红楼梦》中的一些重要事件充分体现了贾府内外的种种矛盾。请从元妃省亲、宝玉挨打、抄检大观园这三个事件中任选一个，结合作品的相关内容，简要说明该事件能体现哪两种矛盾。

【题解】

考查对名著中重要事件的阅读和理解，在三个事件中任选其一，说明该事件体现的两种矛盾。

对三个事件体现的矛盾，分别简要说明如下：

（1）“元妃省亲”

礼教与人伦的矛盾：贾元春—贾母、王夫人等

权势与亲情的矛盾：贾元春—贾政

贾府经济矛盾：辉煌的大观园—贾府日渐窘迫的经济状况

爱情之间的矛盾：林黛玉—薛宝钗

…………

（2）“宝玉挨打”

父子之间的矛盾：贾政—贾宝玉

母子之间的矛盾：贾母—贾政

夫妻之间的矛盾：贾政—王夫人

兄弟之间的矛盾：贾宝玉—贾环

主仆之间的矛盾：王夫人—金钏儿

社会矛盾：贾府（贾政）—忠顺王府

…………

（3）“抄检大观园”

母子之间的矛盾：王夫人—贾宝玉

上层之间的矛盾：王夫人、王熙凤—邢夫人

主仆之间的矛盾：王夫人—晴雯

王夫人—司棋

贾探春—王善保家的

仆人之间的矛盾：王善保家的—晴雯

贾府深层的矛盾：王夫人、邢夫人、王熙凤等—贾探春

…………

【答案】

示例一：选择元妃省亲。为迎接元妃省亲，贾府大肆铺张，建造豪华的大观园。元宵节元妃省亲时先看到大观园，暗叹过于奢华。后来与贾母等人

相遇，都哭了一场。贾政至帘外问安，父女也是含泪问答。其中贾母、王夫人、贾政等与元春相见，先是国礼，后是家礼，体现了权势礼教与人伦亲情之间的矛盾；而辉煌的大观园与贾府日渐窘迫的经济状况，则体现了贾府外在繁华与内里颓败的经济矛盾。

示例二：选择宝玉挨打。宝玉因荒疏学业，淫辱母婢，游荡优伶，又有贾环进谗言，遭到父亲贾政的毒打。挨打之时，王夫人与贾母竭力劝阻。其中贾政与宝玉之间的矛盾，体现的是传统科举制度下追求仕途经济的价值观与前卫的追求美好事物的反叛精神状态下不做禄蠹的价值观之间的矛盾；其中父亲气极打儿子，而祖母与母亲极力劝阻，体现的是传统教育观中严父所代表的望子成龙思想与母亲希望儿子安康快乐思想之不同教育观念的矛盾。

示例三：选择抄检大观园。园子里发现了绣春囊，邢夫人拿给了王夫人。王夫人令凤姐和王善保家的一起抄检。在怡红院，晴雯愤怒地倒出了所有东西，并无“私弊之物”；在探春室内，探春不但顶撞凤姐，还打了王善保家的一记响亮的耳光，痛骂其为“狗仗人势”的奴才；到迎春房中，查出了司棋与潘又安私通的证据。这令王善保家的大为丢脸。其中体现了占主流的王夫人跟被边缘化的邢夫人之上层主子之间的矛盾，还体现了贾探春与王善保家的主仆之间的矛盾。

7. 有人说，有些经典作品中的经典人物在某种意义上是“一个时代的徽记”，请从《红楼梦》中选择一个人物，结合原著内容，谈谈你对这句话的理解。

【题解】

选择一个人物，结合作品内容谈认识理解。

【答案】

示例：宝钗可谓“一个时代的徽记”。她是心中藏着热火的天真少女，却囿于身份而不得不稳重自持，那颗“冷香丸”便是当年禁锢少女轻如蝴蝶的脚步的锁链，让她们守于闺房，空度华年，沉匿了属于自己人格的“热”，只因有身份与社会地位，甚至性别的标签。宝钗所热心的，是那条“仕途经济”之路。这又何尝不是那个时代对人性的同一化，甚至无视？哪怕宝玉本是该如云般不羁的人物，这位爱他的姑娘也要一心给他指明凡尘的俗路，这便是时代留给宝钗的印记，也是宝钗给时代的徽记。她让我们看到，在封建制度下，人们生活中真实的无奈与最渴盼的追求。

8. 有人说，“有时候一个作家就是统治人物的暴君”，意思是作者对其作品中的人物命运拥有绝对的操控权。请以《红楼梦》中甄英莲（香菱）为例，谈谈你对这句话的理解。要求：情节符合原著，分析自圆其说。

【题解】

从作家的写作态度角度探究。

【答案】

示例：本该无忧无虑在家人呵护下成长的一朵小花，却在本应团圆与欢笑的元宵节被拐子拐走，遇上冯渊，眼看有一段姻缘，偏又被呆霸王看中抢了去。被收做妾，却又在薛蟠娶了夏金桂后，遭到无端棒打。被扶了正，却又因难产死去。这个命途多舛的女子真的太悲惨了啊！我曾想问曹公何以将这个女子写得如此悲惨，但读完《红楼梦》后，似有所得——名作家之所以有名，便在于其略显残忍的决绝，但又让人可感其内心的悲悯。而这种残忍与悲悯的碰撞便产生了伟大的作品，如香菱一样悲惨命运的女子不胜枚举，而正是这暴君般的操控，才使我们于“鲜花着锦，烈火烹油”中，感悟命运艰难，世事无常。

9. 鲁迅评价《红楼梦》时说：“悲凉之雾，遍被华林，呼吸领会之者，唯宝玉而已。”你认为宝玉“领会”到了什么？请结合一处情节简要分析。

【题解】

“华林”，即繁华之林，象征大观园及上流社会表面的繁荣。这句话的意思是，悲凉的雾气已经遍布于表面的繁华，然而能呼吸、感觉到这种隐隐变化的只有宝玉一人。

涉及的内容：①女孩们的钟灵毓秀、纯洁美好终将被毁。他感受到美好生命终将逝去的痛与悲。如听黛玉《葬花吟》而恸倒、关心被雨淋的龄官、哄玉钏儿尝莲叶羹、到水仙庵祭奠金钏儿、找寻刘姥姥随口编出的茗玉、为平儿理妆、提醒紫鹃多穿些衣服、祭晴雯《芙蓉女儿诔》、替香菱担心等。

②贵族社会虚伪、丑恶和腐朽无能。他领会到了这一末世终将结束，家族社会终将走向衰败的悲凉。如仕途经济并不能拯救家族，他尽力逃避参加士大夫的交游和应酬；对功名利禄、封妻荫子持否定态度等。

③人去楼空、曲终人散的人生大悲凉。他感悟到深刻而严肃的哲学命题，如宝玉出家等。

【答案】

示例一：鲁迅先生这句话是说，富贵之中，早已遍及悲凉之雾，然而感受领会到的，只有宝玉一人而已。宝玉在大富大贵的生活之中，领会到聪明灵秀、纯洁天真的少女们的美好，尽全力维护，但同时也深知这份美好终将被虚伪丑陋、腐朽无能的社会吞噬。他想尽办法去探望被遣出大观园的晴雯，与晴雯交换信物留作念想，晴雯死后他更是动情写下《芙蓉女儿诔》以示祭奠。但姐妹们的变迁、丫鬟的生死，让他目睹了一幕幕丑剧和悲剧，产生了颓势无法挽回的浓厚的失落和无力感。

示例二：这句话是说，宝玉领会到了众女子青春的美好终会逝去，而贾府的繁荣光景也会落败，千红一哭，万艳同悲。如，在黛玉吟诵《葬花吟》之际，宝玉为她所言“一朝春尽红颜老，花落人亡两不知”而恸倒大哭，他想到如黛玉之美貌，将来也到无可寻觅之时，怎不让人心碎断肠；推之于他人，如宝钗、香菱、袭人，最终都会消逝，离己而去；自己到时该何去何从，况且如今之富贵美满的筵席也终将散去，“喜聚不喜散”的他正是悟到了女子之逝与家道之悲的结局，因之恸倒。

示例三：宝玉领悟到了大观园女儿们注定的悲剧命运，以及贾府必颓的命运，而且先知先觉，自性灵而有感，所以说他是“呼吸领会之者”。比如，黛玉葬花一节，宝玉听《葬花吟》后顿时恸倒，而思女儿们不知何处、贾府不知何处、自己不知何处，为之迷茫而恸悸不已。可见宝玉对未来的悲剧有着极强的领悟力，且对未来的悲剧感到无能为力而无奈痛苦，故“呼吸领会”只希望自己能死在女儿们间，被泪水抬走，享一时之美好，不愿看未来之惨痛。

综　合

对《红楼梦》的阅读，除了单维度地研读，还需要进行综合性的分析探究。这既是进行整本书阅读、提升阅读品质的要求，也是建构阅读长篇小说的方法和经验的重要路径。综合性题目的类型有很多，包括认识感悟类、情境写作类、研读探究类、综合作答类等。

认识感悟类。这类题目多是调动读者对书中的人物形象、典型事件或整部作品的认知，谈自己的感受与理解，表述中往往有叙述主体情感体验的介入。

情境写作类。这类题目多是根据问题情境展开，要求考生在具体的语言运用情境中，按照一定真实具体的学习任务来完成情境写作任务。

研读探究类。这类题目主要以专题学习、主题学习、项目学习的形式展开，带有模块学习或研究性学习的性质，在理性分析中进行问题探究。

综合作答类。这类题目基于对整本书的阅读，兼顾不同层次的考生，设置几道难度不一的题目，以促进真阅读的发生为目的，进行综合性考查。

上述综合性题目，是今后高考阅读考查的方向，值得重点关注。

1. 有很多人外出旅行时喜欢带上书。如果外出旅行需要从古今中外的名著里选择一本，你会带哪一本呢？请谈谈你的理由。要求结合书的内容或艺术特点等，言之有理。

【题解】

选择一本书籍，结合书的内容或艺术特点说出理由。

【答案】

示例：我会带《红楼梦》。因为这本书的内涵值得我细细品味，并在旅行过程中给我带来惊喜。游览古典园林时，我会惊觉这垂花门楼是否与黛玉初进贾府时所见者同样华美？在当地人家做客时，主人在饭后一小时端上茶水，我会想到黛玉之父曾教她“饭后半个时辰再饮茶，方不伤脾胃”，于是窥得了主人的养生之道。旅行中如果我因事而心烦，何妨看一回“刘姥姥进大观园”来排遣烦闷？《红楼梦》的确值得选择。

2. 小说《红楼梦》中王熙凤的出场很有特色。请从本书中，另外任选一个印象深刻的人物出场加以介绍。要求：写出人物名字，中心突出，条理清晰。

【题解】

写出人物名字，介绍人物出场。

【答案】

示例：《红楼梦》中贾宝玉的出场很有特色。小说的开篇就用“女娲补天”的神话故事为宝玉创作出一个充满奇幻色彩的身世，接着又引出“神瑛侍者”与“绛珠仙草”的姻缘，为宝玉出场同黛玉相见时的熟悉感埋下伏笔。接着，作者又先后借贾府外的冷子兴，贾府宝玉母亲王夫人之口，将宝玉“衔玉而生，性格怪异”等特点一一道出，为宝玉的出场做足铺垫。最后，通过宝玉吃酒回来向祖母、母亲请安，带出了宝玉的出场。层层铺垫，构思精巧，使宝玉的出场充满神秘而奇特的色彩。

3. 请从《红楼梦》中任选一个人物（如贾宝玉等），为他（她）写一则小传，介绍他（她）的主要生平经历、思想性格，表达你对他（她）的认识和感情。

【题解】

选出一个人物，按照要求写一则小传，表达认识和感情。

【答案】

示例一：他，衔玉而生，尽享荣宠富贵；他，缠绵痴情，深爱绛珠仙子；他，为爱痴狂，只求木石姻缘；他，心灰意冷，终归青埂峰下。他是美玉无瑕，虽有女儿般的性情，却愿为爱与封建势力抗衡。即使终逃不过劫难，他，贾宝玉，仍让我体会到爱情的伟大力量；感悟到离别的愁云惨雾。贾宝玉，这一痴男儿，愿你来世终能寻得如意人！

示例二：无缘补青天，却思凡，僧道幻形携下界，历尘缘，岂为得半生富贵荣华、风流缱绻？奇哉，不爱功名爱胭脂，重女却轻男。是也，本非那浊物须眉，肉体凡胎；是那正邪两赋，世间第一有情人！凡世难能长久，王公亦归尘土；僧袍如火加身，遁空门。观此应需叹：最是情不朽，纵使千红一哭零落也作芳尘。事乃石上记，亦是风月鉴，其实心证意证方是其立足根本。

4.《红楼梦》塑造了许多个性鲜明、情感丰富的人物形象。请以“________，我看到了你灼热的心”为题，结合书中的具体内容，写一段抒情文字或一首小诗。

【题解】

先确定好一个人物，再用抒情性文字进行品读。

【答案】

示例：宝玉，我看到了你灼热的心。你的心并没有被世俗伦理污染，仍向往着自由自在的幸福生活与美好爱情。我看到你为自由付出的一切，表面的“富贵闲人”只是你追求洒脱的缩影。你义无反顾地爱着黛玉，是你在自由爱情道路上走出的痕迹。你那灼热的心扑通地跳动着，向人们诉说着你反抗封建大家庭的决心与态度。我知道灼热便是你坚决的意念。

5. 请从《红楼梦》中选择一个女性形象，以“赞________”或“叹________”为题，写一首诗或一段抒情性文字表达你的认识。要求：在横线上填写人物名字，把题目补充完整。

【题解】

选择形象，明确感情，调动情感表达的方式（如人称、句式等），文字体现抒情性。

【答案】

示例一：赞妙玉。气质美如兰，才华馥比仙。却只青灯古佛相对。都叹是，红粉朱楼辜负；怎知她，听佛经也无味？自幼出身宦门，早见父母梦归。为护此身洁，一心只向佛沉醉。栊翠庵品梅花茶，其雅也难比；凹晶馆续林史诗，其才也堪咏。最难得，将人情勘破，抛却那春荣秋谢折磨。可叹宝玉虽通灵，尚谓妙玉孤僻成罕悖时宜；无怪她闭门栊翠，孤灯白玉空怨园中男女俗无味。才高志洁，称冠《红楼梦》一书！

示例二：叹妙玉。妙玉其人，恍若其名，果真既“妙”且“玉”。先天秉着仙人之姿，早早看破红尘独守青灯古佛。中秋联诗让人倾心其妙绝文采，梅雪煮茶又陡然显出那如玉一般过分铿锵的高洁。我哀她明明有着槛外人的清醒仍寄情槛内终身误尽；我悲她孑然一身寄人篱下却凭己之力守住那点谪仙之态；我叹她清清洁洁傲然如玉却落得最不堪的污浊里。她命途多舛，却当真从未有人甘心为她扫门前雪，皆惧冷。

示例三：叹黛玉。柔肠千转，粉泪盈盈，眼波似水，清袖成云。好一个神仙似的人儿，怎生还泪，还成废红一片？一叹，满腹柔肠，才情几许，皆付之一炬；二叹，蜜意柔情，神仙眷侣，化作孤魂一缕；三叹，浮萍无根，半生依附，却只身不由己。空一副玲珑心、诗书腹，终败给黄金锁、乌纱帽。叹花颓人萎，满地杜鹃泪。

6. 请从《红楼梦》中任意选取一个经典人物形象，谈谈你愿与他（她）做朋友的理由。

【题解】

分析愿与某个经典人物做朋友的理由。

【答案】

示例：我愿与林黛玉做朋友。她如一株莲花，在贾府的纸醉金迷中出淤泥而不染，濯清涟而不妖；她如一枝红梅，在封建的趋炎附势中不似外表的柔弱，依然保持铮铮傲骨；她如杂草丛中的玫瑰，用微不足道的茎上刺保护心中向往。潇湘妃子才情满贯又果决明断。我愿欣赏她的清洁、她的傲骨、她的勇敢直率，也愿陪她葬花，赏她诗作，抹掉她脸上的泪痕。

7.《红楼梦》中一定有你喜欢或不喜欢的人物，请选择一个人物，写一段话表达你的感情。要求：结合人物的经历或性格。

【题解】

结合人物的经历或性格，对作品中的人物表达喜欢或不喜欢的感情。

【答案】

示例一：湘云，你自小秉着诗书簪缨门第的浸润，却把娇弱女儿心思酿出豪气干云的芳华。我慕你心细如发，小小绛纹石戒指也挂怀于心，与姊妹久别重逢时不忘相赠；我羡你凛凛威仪，为葵官起名兀自隐着“惟大英雄能本色”的气魄。枕霞阁难容你胸中块垒，海棠社难掩你才气洒脱，芍药花下香梦沉酣可睡醒了吗？我愿为你备好纸笔，置下剑酒，围炉夜话，共赴繁华。

示例二：玉带林中挂，你轻盈灵动而满含风骨。初进贾府，你小心翼翼地适应规矩，自尊使你出众，使你光彩照人；晴雯拒门不开，你哭得梨花带雨，敏感使你心碎，情深让人心疼；诗社中，你把佳句妙作信手拈来，才华使你灵秀；寓居潇湘馆，日夜做伴湘妃竹，吟诵陶潜诗，拨弄古风琴，清高使你不落凡尘，风骨让人不得不叹服……是你啊，黛玉。

8. 片纸千钧重，情思似海深。请以《红楼梦》中某个人物的身份给该书中另一个人物写一封短信。要求：中心明确，情感真挚，合乎情理。

【题解】

明确题目要求，是以书中某个人物的身份给另一个人物写一封信。

【答案】

示例：颦儿吾妹，死生一别竟已岁余。前日我初探空馆，因了馆中花木寥落，沁芳溪流悄怆幽邃，难免引得追忆悲怀。恍惚溯回葬花之际，“侬今葬花人笑痴，他年葬侬知是谁”兀自萦绕耳畔，然彼时邈远背影如今再不能一见，实是一语成谶。难信你芳魂已逝，过往相交十余载自然难言这泪枯之苦，剜骨惊痛，然终究是我负你，未能送你葬你甚而陪你共你。幸甚独留我一人伶仃孤苦，总好过换你泪流千行无人堪解。所谓金玉良缘早作冷衾冷枕，世间再难遇着容我心系挂念更甚之人，从来不思量，终究自难忘。

9. 请以“读小说就像找到了一面镜子”为开头，结合《红楼梦》作品内容，写一段抒情文字（可写诗歌），表达你在名著阅读方面的感悟。

【题解】

从体验感悟入手进行探究。

【答案】

示例：读小说就像找到了一面镜子。宝玉啊，当我读你，又何尝不是在读我自己。你顽劣任性，厌弃功名，我贪心调皮，鄙薄世利；你自小如众星捧月般自族人手中托起，我满足而略带愧意地享受长辈的宠溺；你说男人如浊泥，无趣的女人如死鱼眼，我为你的犀利而捧腹，又赞叹你澄澈的心；而当我面对善人趣事，不禁想这样的认知与享受是否又与你有一点点的贴近。宝玉，我愿是你，却不如你看清世俗的十分之一；我只能像你，如窥镜般阅读我自己。

10. 莎士比亚书店里经常聚集着许多爱读书的人，在《红楼梦》的大观园中，也有一群爱读书的人。结合原著复述他（她）读书的相关情节，并谈谈读书对他（她）产生的影响。

【题解】

确定相关情节，结合原著复述，谈对人物的影响。

【答案】

示例：在宝黛共读西厢的情节中，沁芳桥边，落花一地，黛玉接过宝玉手中的书，越看越爱，只管出神。听到宝玉把二人比作张生和莺莺时，她满面通红，带怒含嗔，在宝玉着急道歉之后，她又破涕为笑，调侃起来。读书让黛玉看到了大观园以外的生活，读书让她知道了争取自由的爱情故事。她与宝玉的感情发生了微妙的变化，与宝玉心意相通，彼此理解，感受到自由恋爱的幸福。

11. 语文老师请同学们推荐《红楼梦》中的章节或片段供课上研读。你选择哪个章节或片段？请用一句话表述推荐内容，并简要陈述理由。

【题解】

用一句话表述推荐内容，并结合情节简要陈述理由。

【答案】

示例一：我推荐研读“林黛玉进贾府”的片段。这一章节中以林黛玉的视角由外至内逐渐深入地描写了府内的景观、装饰及构造，呈现出一幅精致的府邸图。且本章的人物描写生动形象又细致入微，甚至能从不同人物的穿着及面部描写揣测人物性格。如林黛玉怀着寄人篱下的心情处处小心谨慎，王熙凤圆滑老练的处事风格等无一不在此章得到淋漓尽致的刻画，让人回味无穷。

示例二：我选择“寿怡红群芳开夜宴”这个片段。贾宝玉过生辰，夜间请了诸姐妹在怡红院中喝酒拈花签来庆祝。这是第五回之后，又一次较正式地用诗词判词评定各个女子的性格品质。以花喻女子既明丽又别致，旧时花事诗词的引用又显出曹雪芹深厚的文学功底。席上诸位神态语言各异，寥寥数语间极分明地勾勒出人物形象，读起来轻松愉快又妙趣横生，因此我极力推荐。

12. 现在策划做一期朗读类节目，以个人成长、情感体验、背景故事与传世佳作相结合的方式，用最平实的情感读出文字背后的价值，节目的主题是“眼泪”。请围绕“眼泪”这一主题，为本期节目推荐《红楼梦》中一个朗诵的片段，并简要陈述推荐理由。

【题解】

围绕“眼泪”这一主题，为节目推荐一个朗诵片段，并简要陈述推荐理由。

【答案】

示例一：我推荐朗读“黛玉焚稿断痴情”的片段。黛玉天生多愁善感，清高孤傲，却唯独对宝玉痴心一片。想那因爱憔悴，泪痕满面的女子的脸颊；听那痛心疾首，爱到浓处恨自生的诀别的话语；感受那蹿动的火苗无情烧毁那勾连着两人感情的绢帕之时，谁人能不落下泪来？宝黛爱情太凄美，其中太多的不得已和身不由己。那种揪心与辛酸的情感正契合了“眼泪”这个主题。

示例二：我推荐《红楼梦》中晴雯临死前与宝玉含泪而别的片段。晴雯给人留下的印象多是泼辣、反叛的，但当她无奈被王夫人驱出大观园时，又不得不去面对封建等级下自己的地位与境遇。“心比天高，命比纸薄”，晴雯的泪，是身份约束下无奈的泪，是青春年华中遗憾的泪，是无谓挣扎后悲伤的泪，是面对生命逝去时勇敢的泪，值得我们深思与品味。

13. 请以“泪”为题，围绕《红楼梦》中的一个人物，写一段抒情文字或一首小诗。

【题解】

选定一个人物，结合相关情节进行情感表达。

【答案】

示例一：有道是男儿有泪不轻弹，而你却常哭。为林妹妹的际遇悲泣，甚而为最琐碎的争论口角流泪；为念及大观园终将群芳无主的结局呜咽；为地位卑贱的侍女生命无声地消逝于日常而掬泪……你自然有哭的自由，有相较那些默默忍泪的姐妹更优裕的自由，但那颗柔软的心脏，那份为情所困的痴傻使得你的眼泪纯洁又滚烫——一如你待人处事时的纯挚温润，一如你风流公子的含情脉脉的模样。

示例二：在我眼里，你的泪像是江南水乡中最有诗意的雨。你在你的泪水里寄了太多情，倾诉了太多心绪，每一滴都让人心惊于你的细腻，心疼于你的敏感。初进贾府时，你在老祖宗怀中那份对亲人的依赖与对日后生活的忐忑；葬花时，你对万物终会凋零的感慨悲伤；面对宝玉时，你那腔难以言说的深情……皆化作你腮边两行清泪，万千愁绪，融于心底。

示例三：潇湘妃，枉凝眉，泪光点点，娇喘微微。为谁哭，为谁悲，葬花美人，心比落花醉。潇湘妃，泪相随，红楼梦中，人比花美。一人醉，泪眼垂，镜中花儿，痴情人相随。你的美，不复回，大浪淘尽，难洗尽泪。心已碎，人不归，三生三世，千古爱一回。

示例四：泪落下来 / 泻开了沁芳闸 / 你忽冷忽热的泪水 / 浇开了满园的花 / 白的似雪 / 粉的若霞 / 你心中交织的热忱 / 能哭出第二天的旭日 / 而你却懒懒的 / 不肯睡 / 你心中郁结的失意 / 能泣上这夜里的月亮 / 你一个人沐浴着心事 / 孤独 / 是你的黛色 / 冷清 / 是你的玉魂 / 泪是红楼切玉刀 / 你总是 / 心事重重 / 总是 / 梨花带雨

14. 根据要求，回答问题。

《红楼梦》第二回，冷子兴向贾雨村演说宁荣两府，说道：

古人有云："百足之虫，死而不僵。"如今虽说不及先年那样兴盛，较之平常仕宦之家，到底气象不同。如今生齿日繁，事务日盛，主仆上下，安富尊荣者尽多，运筹谋画者无一；其日用排场费用，又不能将就省俭，如今外面的架子虽未甚倒，内囊却也尽上来了。这还是小事。更有一件大事：谁知这样钟鸣鼎食之家，翰墨诗书之族，如今的儿孙，竟一代不如一代了！

（1）根据冷子兴对贾府的介绍，下列说法不正确的一项是（　）

A. 贾府现在不如仕宦之家　　B. 贾府现在比仕宦之家强

C. 贾府比过去差　　D. 贾府外强中干

（2）下列哪位人物不属于这里说的"安富尊荣者"（　）

A. 贾敬　B. 贾赦　C. 贾政　D. 贾珍

（3）小说的后续情节中有哪些冷子兴所说的"大事"？结合原著，请举两例说明。

【题解】

（1）整体把握贾府的状况；（2）把握人物形象特点；（3）通过举出两例进行整本书阅读。

【答案】

（1）A

（2）C

（3）此处的"大事"是小说第一次介绍贾府状况，点出贾府后继无人、毫无作为的现状，暗示出后文贾府衰落的一众因素。比如贾府的管理松懈、长辈如贾敬炼丹修仙、贾宝玉结交政敌家的戏子、贾蓉骄奢淫逸等。

15. 根据要求，回答问题。

《红楼梦》第二回贾雨村闲游遇到了冷子兴，二人在聊起贾府时，冷子兴有如下一段话：

“亏你是进士出身，原来不通！古人有云：‘百足之虫，死而不僵。’如今虽说不及先年那样兴盛，较之平常仕宦之家，到底气象不同。如今生齿日繁，事务日盛，主仆上下，安富尊荣者尽多，运筹谋画者无一；其日用排场费用，又不能将就省俭。如今外面的架子虽未甚倒，内囊却也尽上来了。这还是小事，更有一件大事：谁知这样钟鸣鼎食之家，翰墨诗书之族，如今的儿孙，竟一代不如一代了！”

（第二回　贾夫人仙逝扬州城　冷子兴演说荣国府）

（1）为了让读者更好地了解贾府，熟悉其人物关系，作者在《红楼梦》前六回中，安排了三个不同的人物带着读者走进贾府，认识贾府中形形色色的人与事。此三人分别是第二回中为贾雨村演说荣国府的冷子兴和紧随其后几回中到贾府________（事件）的________（人物）以及到贾府________（事件）的________（人物）。这三人因性情、遭遇、背景和目的不同，眼中的贾府自然也是各有侧重，互为补充。

（2）下列选项中，对贾府人物关系的表述，不正确的一项是（　）

A. 贾惜春之父是宁国府贾敬，她与贾珍是兄妹关系

B. 贾赦与贾政是亲兄弟，他们和贾敬是堂兄弟关系

C. 贾宝玉与贾兰一起在家塾读书，他们是兄弟关系

D. 贾环很喜欢与贾兰一起玩耍，但他们是叔侄关系

（3）冷子兴说贾府安享荣华富贵生活的人很多，而“运筹谋画者无一”，读完全书你是否认同这一说法？请结合这句话的意思和原著相关内容简述你的看法。

【题解】

（1）事件和人物识记，事件表述符合原著大意；（2）把握人物关系；（3）解

释句意并表明态度，结合原著相关内容得出结论。举出一例，符合事实且表述清楚，能支撑观点。

【答案】

（1）投靠外祖母　林黛玉　攀亲借钱（或：寻求帮助）　刘姥姥

（2）C（贾宝玉和贾兰是叔侄关系）

（3）示例一：同意这一说法。在贾府中能够继承父辈衣钵的子弟都难当大任，皆是只求享受不懂建设的纨绔子弟。比如“富贵闲人”贾宝玉，从小就不爱读书考学，对贾府的事务一概不过问，终日沉浸在姐姐妹妹的温柔乡中，不问世事；在为晴雯请医生、付诊费时连一两银子多重都不知道；在黛玉都为贾府感到危险时，宝玉却说不用管，总之少不了他俩的……他作为最被看重的继承人，今后又怎么有能力去持家管事呢？

示例二：不同意这一说法。在贾府中还是有后辈为家族未来谋划的人。比如贾探春，就曾在协理荣国府时进行了非常大胆的改革，让大观园中闲置的花草树木都有了用处，不仅能为贾府省钱，一年下来还有结余。这一举措正是对贾府未来的运筹谋划，虽然没能最终坚持下去，但是这样的人还是有的。

16. 根据要求，回答问题。

《红楼梦》第三回，林黛玉初进贾府，王夫人对她说：

“你舅舅今日斋戒去了，再见罢。只是有一句话嘱咐你：你三个姊妹倒都极好，以后一处念书认字学针线，或是偶一顽笑，都有尽让的。但我不放心的最是一件：我有一个孽根祸胎，是家里的‘混世魔王’，今日因庙里还愿去了，尚未回来，晚间你看见便知了。你只以后不要睬他，你这些姊妹都不敢沾惹他的。”

（1）选文中加点人物指的是（　　）

A. 贾赦　　B. 贾政　　C. 贾琏　　D. 贾珍

（2）王夫人为什么说自己的儿子是“孽根祸胎”“混世魔王”？请结合《红楼梦》中的两个情节，谈谈你的理解。

（3）《红楼梦》第三回，作者从林黛玉的视角描写了贾府，综观全书，作者还从其他人物的视角对贾家这个典型的封建贵族大家庭进行了介绍与描写，请写出一个这样的情节。

【题解】

（1）整体把握人物关系；（2）结合作品情节理解分析人物形象；（3）从创作特点与典型环境的关系理解鉴赏创作手法。

【答案】

（1）B

（2）示例：王夫人说贾宝玉是“孽根祸胎”“混世魔王”，是因为贾宝玉的思想言行不同流俗，不符合封建家长的要求。例如，贾母、王夫人等人都把通灵宝玉看作富贵的象征，当作“命根子”，而宝玉却不以为然，反觉“没趣”，得知林黛玉没有玉时怒而摔玉；又如贾府中的长辈，宝玉身边的姐妹如宝钗、湘云等人都认同男子应追求“仕途经济”，但宝玉却认为当官的都是“禄蠹”，不愿意结交贾雨村这样的官场中人，甚至要轰走劝他多留意仕途经济的史湘云。

（3）提示：①冷子兴演说荣国府；②刘姥姥进荣国府、大观园；③元春省亲游览大观园；④宝琴参与贾府除夕祭宗祠；⑤兴儿演说荣国府；⑥抄检大观园等。

17. 阅读《红楼梦》节选材料，完成后面的题目。

后面又画着两人放风筝，一片大海，一只大船，船中有一女子掩面泣涕之状。也有四句写云：才自精明志自高，生于末世运偏消。清明涕送江边望，千里东风一梦遥。

（第五回　游幻境指迷十二钗　饮仙醪曲演红楼梦）

探春素喜阔朗，这三间屋子并不曾隔断。当地放着一张花梨大理石大案，案上磊着各种名人法帖，并数十方宝砚，各色笔筒，笔海内插的笔如树林一般。那一边设着斗大的一个汝窑花囊，插着满满的一囊水晶球儿的白菊。西墙上当中挂着一大幅米襄阳《烟雨图》，左右挂着一副对联，乃是颜鲁公墨迹，其词云：

烟霞闲骨格　泉石野生涯

（第四十回　史太君两宴大观园　金鸳鸯三宣牙牌令）

（1）探春在大观园的居所叫什么？

（2）根据以上两则材料，简要概括探春的形象特点。

（3）脂砚斋评价探春“使此人不远去，将来事败，诸子孙不至流散也”。你是否认同这种说法？请结合以上两则材料及原著相关情节，简要分析。

【题解】

（1）关于居所的识记；（2）形象特点概括，尽量用成语或四字语；（3）表明态度，解读脂砚斋评价，结合题目材料及原著相关情节进行简要分析。

【答案】

（1）秋爽斋。

（2）能干有才、志向高远、志趣高雅、大气阔朗、时运不济、才华横溢、才干出众、精明能干、聪慧能干、志向远大、命途多舛、结局悲惨、文雅不俗等。

（3）示例一：我认同这种说法。“才自精明志自高”，以探春的才与志，若能留在大观园中，贾府定不至结局如此破败悲惨。探春有优秀的理家之才，凤姐卧病，探春帮助管理大观园时，从赖大家的那里学到管理之道，迅速运用到大观园中；明察了浪费钱财的现象，制定并实施了“开源节流”之策，可以看出探春优秀的学习、实践与管理能力。此外，她还很早便明见了贾府的问题根本，在抄检大观园时道出了贾府衰败是从内自相残杀的结果，体现了探春的洞察力与大局观。假如探春不远嫁，留在贾府施展才干，贾府不至于众人流散吧。

示例二：我不认同这种说法。本句意为若探春不远嫁，还在贾府中，待贾府破败之日，众姐妹不至于都流离失散。材料中“生于末世运偏消”，写出探春生于贾府已经开始败落之时，又是庶出，其出身便决定了她的地位终低人一等，所以凭她一己之力，实在无法挽救贾府衰颓的命运，更无法保全众姊妹。在原著中，探春实行大观园改革，一年能盈利四百两银子，而贾赦讨妾未果，出去买了一个年方十七的丫头来服侍，便花了五百两银子。由此看出，探春虽有治家之才，但抵挡不住众人的奢靡荒淫，贾府终将倾倒，众姐妹终将离散。因此，我不认同这种说法。

18. 根据要求，回答问题。

《红楼梦》第六回中，作者写道：

正寻思从那一件事自那一个人写起方妙，恰好忽从千里之外，芥豆之微，小小一个人家，因与荣国府略有些瓜葛，这日正往荣府中来，因此便就这一家说来，倒还是个头绪。

（1）这户人家带着板儿到荣国府来的是谁，这一次她见到的贾府的主子是谁？围绕这一头绪，整部小说主要写了哪些主要情节？

（2）从这一头绪写起，对表现小说的主旨有何作用？请结合原著，举例说明。

【题解】

（1）根据材料确定人物，简要概述情节；（2）谈该情节对表现主旨的作用，作答思路：阐释清楚作用的基本内涵，结合原著具体情节进行分析。

【答案】

（1）刘姥姥。三进荣国府：一进荣国府攀亲借钱（或：打秋风、寻求帮助、期望得到接济）；二进荣国府答谢贾家，主要情节有信口开河讲故事、游览大观园、插科打诨装呆卖傻、醉卧怡红院；三进荣国府救巧姐。

（2）既从一个外人的视角展现了大观园里的生活，也客观地展现了当时广大农民艰难贫苦的社会生活状况。例如，大观园里饮酒作诗人们的一顿螃蟹宴，费用相当于庄稼人一年的嚼用，这个事实让人看到了贵族阶级跟农民阶级的贫富悬殊，从一个侧面反映了在贫困线上挣扎的庄稼人生活的艰难。

其他举例，如：贾府的富丽堂皇与刘姥姥家的挨不过冬；王熙凤的富贵气与刘姥姥的含酸相；主子小姐丫鬟的戏耍与刘姥姥的装呆卖傻；妙玉的茶碗；惜春的画；王熙凤家给的银子及衣服；等等。

19. 根据要求，回答问题。

《红楼梦》（脂评本）第八回“薛宝钗小恙梨香院　贾宝玉大醉绛芸轩”中写道：

（宝玉）因又问晴雯道："今儿我在那府里吃早饭，有一碟子豆腐皮的包子，我想着你爱吃，和珍大奶奶说了，只说我留着晚上吃，叫人送过来的，你可吃了？"晴雯道："快别提，一送了来，我就知道是我的，偏我才吃了饭，就搁在那里。后来李奶奶来了，看见说：'宝玉未必吃了，拿来给我孙子吃去罢。'他就叫人拿了家去了。"

此语段脂砚斋有批语说："余谓晴有林风，袭乃钗副，真真不错。"

（1）"晴有林风，袭乃钗副"中的"林""袭""钗"分别指谁？

（2）你是否同意"晴有林风"的评价？请结合原著内容简要分析。

【题解】

（1）识记人物姓名；（2）对"晴有林风"既可持赞同态度，也可持反对态度。赞同或反对，重点均放在结合原著内容和典型情节，能自圆其说的简要分析上。作答思路：首先解释"晴有林风"，然后从晴雯、林黛玉二人在容貌、思想性格、命运结局等方面的特点，选择至少两个方面，分别结合小说的原著内容或典型情节进行简析。

【答案】

（1）"林""袭""钗"分别指（林）黛玉、花（袭）人和薛宝（钗）。

（2）要点示例：同意"晴有林风"的评价。"晴有林风"意为晴雯在外貌、思想性格和命运等方面与林黛玉有相似之处。简析的思考与作答方向：①容貌方面：二人容貌相似。②性格方面：二人都"牙尖嘴利"；二人都多心敏感；二人都"爱使小性儿"；二人都心性高傲；二人都有反抗性。③对宝玉的情感方面：二人对宝玉都有深情。④命运结局方面：二人的命运都以悲剧结束。

20. 根据《红楼梦》相关内容，回答问题。

（1）下列情节中，不是发生在贾宝玉身上的一项是（　）

A. 路谒北静王　　B. 听曲悟禅机

C. 醉卧芍药裀　　D. 杜撰《芙蓉女儿诔》

（2）《红楼梦》中的诗词、灯谜、花签等常以物喻人。第六十三回“寿怡红群芳开夜宴”中黛玉得到的花签上画着一支芙蓉花，题有“风露清愁”四个字，花签背面有诗句“莫怨东风当自嗟”。请结合作品内容，解读这支花签的喻义。

（3）薛宝钗在众人眼中博学多才、乐于助人，但在第四十八回香菱住进大观园要求学作诗时，宝钗却先说：“……我劝你今儿头一日进来，先出园东角门，从老太太起，各处各人你都瞧瞧，问候一声儿。”后又说：“何苦自寻烦恼？……你本来呆头呆脑的，再添上这个，越发弄成个呆子了。”宝钗为什么不赞成香菱学作诗？结合作品其他情节，说说你的理解。

【题解】

（1）人物情节识记；（2）结合作品内容依次对“芙蓉”“风露清愁”“莫怨东风当自嗟”进行解读；（3）结合薛宝钗的思想性格特点认识学诗，结合情节合理分析。

【答案】

（1）C

（2）示例：“芙蓉”象征林黛玉像出淤泥而不染的荷花一样美丽、清高；“风露清愁”描绘的是黛玉高洁而忧郁的气质；“莫怨东风当自嗟”则暗示了黛玉的悲剧结局，她的清高和孤傲不为当时的社会所容，只能自叹命薄。

（3）示例：宝钗是一个恪守封建道德规范的女子，在她看来女子无才便是德，女子读书不是为了写诗作赋，而是为了持家和相夫教子。她曾劝诫林黛玉说女孩子不认字倒好，只应该做些针线纺织等，后来湘云来和香菱讨论作诗，宝钗也嘲笑她们说她们不守本分，没有女孩子的样子。由此可见，宝钗是出于封建时代的价值观念而对香菱学诗显得不热心。

21. 根据下列要求，回答有关问题。

（1）《红楼梦》中不同的人对同一人物往往有不同称谓，这些称谓各得其宜，各尽其妙。如：人多称王熙凤“二奶奶”，而刘姥姥却称她“姑奶奶”。请你从小说中任选一个人物，举出某人对他（她）与众不同的称谓，并赏析其妙处。

（2）《红楼梦》中的大观园被评论家称为“青春王国”，请结合小说中的某一情节或场景，分析大观园里人物的青春之美。

【题解】

（1）交代称谓及其特殊性应准确，称谓须“与众不同”，且称谓的使用者和称谓对象不是同一人；（2）“青春王国”的情节或场景选取恰当、符合原著。

在分析或赏析时能做到具体、合理、充分，即始终围绕“称谓”或“青春之美”展开，符合小说内容意旨，逻辑合理，行文清晰，内容饱满有深度。

【答案】

（1）示例一：小说中王熙凤多被人称为“二奶奶”，而贾母却常唤她“猴儿”，体现了贾母眼中的王熙凤是同猴一样有活力、伶俐，会逗自己开心的形象。同时可以看出贾母深深喜爱着王熙凤，才会如此亲昵地给她取外号，体现了贾母与王熙凤的关系亲近，又侧面写出了王熙凤在贾母跟前的调皮与泼辣。

示例二：在《红楼梦》中，贾政常称宝玉为“蠢材”，他人口中的“宝二爷”“宝贝”，在贾政口中却如此之差。其实因贾政为宝玉之父，要表现出严厉的一面，加上贾政心中的封建正统思想，有望子成龙之心，而宝玉却不爱读书，不爱官场，厌恶封建礼教，向往自由，与贾政思想相矛盾，故贾政常称宝玉为“蠢材”。这一称谓，表现了宝玉的叛逆性格，以及与其父不一致的价值观念。

（2）示例一：宝黛共读西厢。一日，宝玉偷看《西厢记》被黛玉发觉，便邀黛玉共读。宝玉拿其中人物张生、崔莺莺与黛玉打趣，黛玉怒嗔宝玉。这一情节体现了宝黛的青春之美。宝玉不读“四书”“五经”，却爱读《西厢记》，本身就是青春少年心事懵懂地对于爱情的好奇与追求，彰显青春灵动。黛玉不劝宝玉、不告发宝玉，而是与他看得入迷，也体现了青春女儿对爱情的好奇心，而后的嗔怪，也是青春少女心动害羞的映照。

示例二：结海棠社。一日探春邀请众人起社，众人纷纷表示赞成，于是他们起了雅号，推了社长，写了咏白海棠诗，定了“海棠社”社名，还定了开社的一些规矩。后来史湘云也积极加入进来，还一口气写了两首海棠诗。一时间，雅人雅事、雅兴雅行风靡大观园。这些年轻人认为，他们也可以同外面的人一样来赋诗，甚至写得更好。他们兴之所至，诗社说办就办，体现了青春的热情、率性和果敢，展现青春活力，彰显青春之美。

22. 阅读《红楼梦》节选材料，完成后面的题目。

那一日正当三月中浣，早饭后，宝玉携了一套《会真记》，走到沁芳闸桥边桃花底下一块石上坐着。展开《会真记》，从头细玩。正看到“落红成阵”，只见一阵风过，把树头上桃花吹下一大半来，落的满身满书满地皆是。宝玉要抖将下来，恐怕脚步践踏了，只得兜了那花瓣，来至池边，抖在池内。那花瓣浮在水面，飘飘荡荡，竟流出沁芳闸去了。

（第二十三回）

那两个婆子见没人了，一行走，一行谈论。这一个笑道：“怪道有人说他家宝玉是外像好，里头糊涂，中看不中吃的，果然有些呆气。……”那一个又笑道：“我前一回来，听见他家里许多人抱怨，千真万真的有些呆气。……看见燕子，就和燕子说话；河里看见了鱼，就和鱼说话；见了星星月亮，不是长吁短叹，就是咕咕哝哝的。……”

（第三十五回）

（1）曹雪芹用“痴公子”评价贾宝玉，请结合以上两则材料，谈谈你对宝玉“痴”的理解。

（2）有人说“黛玉又胜宝玉十倍痴情”，你同意这个说法吗？请结合《红楼梦》的其他相关情节，简要谈谈你的看法。

【题解】

（1）基于两则材料的分析谈对“痴”的理解，材料一是直接写宝玉的行为之“痴”，材料二是从他人的角度，间接地谈对宝玉之“痴”的评价；（2）表明态度，界定清楚“痴情”的内涵，拓展联系整本书阅读，通过恰切的事例进行分析论述。分析要有比较意识。

【答案】

（1）示例：我认为宝玉的“痴”是“痴情”，他对一切美好的事物皆有痴情——落下的花瓣舍不得践踏，与燕子、鱼对话，对星月慨叹。但这种痴情是当时世俗所不容、不理解的，所以外人会以为他“痴”——痴呆、糊涂、愚笨。作者所评“痴公子”一语双关，十分恰切。

（2）示例：我同意这个说法。宝玉是对一切美的事物痴情，而黛玉只对宝玉痴情。黛玉对宝玉痴情，是将许多情感都放在了宝玉身上，比如她的爱，她的关心，她在宝玉挨打后前来看望他，两个眼睛因哭泣“肿得像个桃儿一般”；她也只会在宝玉面前毫无顾忌地使小性子，比如她以为宝玉将她给的荷包叫下人拿走了，就铰了她要送宝玉的另一个香袋。黛玉的痴情更甚于宝玉，是比宝玉更完全、更深刻的情感倾注。宝玉的痴情是一种欣赏和喜欢，而黛玉的痴情是一种爱与各种情感交织的、排他性的在意。因此我认为黛玉的确胜宝玉十倍痴情。

23. 阅读《红楼梦》选段，完成后面的题目。

宝玉急的跺脚，正没抓寻处，只见贾政的小厮走来，逼着他出去了。贾政一见，眼都红紫了，也不暇问他在外流荡优伶，表赠私物，在家荒疏学业，淫辱母婢等语，只喝令：“堵起嘴来，着实打死！”小厮们不敢违拗，只得将宝玉按在凳上，举起大板打了十来下。贾政犹嫌打轻了，一脚踢开掌板的，自己夺过来，咬着牙狠命盖了三四十下。众门客见打的不祥了，忙上前夺劝。贾政那里肯听，说道：“你们问问他干的勾当可饶不可饶！素日皆是你们这些人把他酿坏了，到这步田地还来解劝。明日酿到他弑君杀父，你们才不劝不成！”

（1）画线句中的“优伶”是指________，“母婢”是指________。（人名）

（2）结合选段中贾政的言行，分析贾政和贾宝玉有怎样的矛盾冲突。

（3）宝玉挨打之后，贾府中各人有不同的反应，请写出下面的言行所对应的人物，并分析他们的言行为何不同。

①……只见他两个眼睛肿的桃儿一般……听了宝玉这番话，心中虽然有万句言语，只是不能说得。半日，方抽抽噎噎的说道：“你从此可都改了罢！”

②……手里托着一丸药走进来……见他睁开眼说话，不像先时，心中也宽慰了好些，便点头叹道：“早听人一句话，也不至今日。别说老太太、太太心疼，就是我们看着，心里也疼。”刚说了半句，又忙咽住，自悔说的话急了，不觉的就红了脸，低下头来。

【题解】

基于“宝玉挨打”这一主要故事情节，（1）识记人物姓名；（2）理解矛盾冲突；（3）分析所给材料中人物形象的心理反应。

【答案】

（1）蒋玉菡　金钏儿

（2）从贾政的话语中可以看出：贾政怨恨宝玉平日的叛逆行为，在外与戏子交往、私赠物品，在家荒疏学业、调戏母婢和仆人等，更害怕宝玉会发展到“弑君杀父”的地步，影响自己及整个家族。从深层看，贾政是封建社会的卫道者，他对封建礼教无比忠诚，希望宝玉成才，走仕途之路，光宗耀祖；宝玉是封建社会的叛逆者，不愿做官，厌恶官场，向往自由。贾政与贾宝玉的思想认识与行为不同，才产生了这一矛盾冲突。

（3）①林黛玉。黛玉并非真心劝宝玉悔改，去读科举书而走仕途路。她同情理解宝玉的遭遇，怕宝玉再挨打，与宝玉心灵相通，互为知己。

②薛宝钗。宝钗亲自手托丸药来看宝玉，是故意张扬为了让贾家长辈们看到，又借机规劝宝玉读科举书走仕途路。她是一个真心爱慕宝玉，但又深

受封建礼教熏染的少女。

24. 读《红楼梦》第四十八回，根据要求，回答问题。

（1）“香菱学诗”是《红楼梦》最富有情趣的章节之一。请简述一下“香菱学诗”的过程以及香菱的性格特征。

（2）有人说，林黛玉是最好的老师。请结合原著有关情节谈谈你的理解和看法。

【题解】

（1）结合原著内容进行简要的情节概述，并概括香菱的性格特征；（2）结合原著有关情节，从多维度谈对题干所述观点的理解和认识。

【答案】

（1）过程：香菱随宝钗入住大观园后，先是拜林黛玉为师，并在林黛玉的指导下细细品味王维的诗；其次，一边读杜甫诗，一边尝试作诗；最后，将所作诗歌让众人品评，找出自己的不足，终于写出了好诗。

性格：专注、入神、着魔、勤奋执着、聪明好学、真诚学诗。

（2）①有才华。林黛玉才气高，善于写诗，具备当好老师的能力。②有热情。林黛玉对香菱素有好感，愿意给香菱当老师。③有耐心。林黛玉指导香菱的时候不厌其烦，循循善诱，言简意赅。④有方法。提倡多读，且学诗就要学一流的诗，对写诗点拨到位，有自己的理论主张即写诗要“词句新奇”为上，注重意趣，注重发挥想象力。⑤有策略。林黛玉注重自主学习，让香菱在多读、多品、多写中成长，注重讨论交流，注重启发式教学。

25. 读《红楼梦》第六十二回，根据要求，回答问题。

（1）史湘云是金陵十二钗之一，给人的印象是天真大方，最能体现这一点的便是“醉眠芍药裀”。请简述一下“憨湘云醉眠芍药裀”的过程以及湘云的性格特征。

（2）有人说，“湘云醉眠”是《红楼梦》中最富有意境的画面之一。请从多个角度进行简要分析。

【题解】

基于“湘云醉眠”这一故事情节，（1）简述事件过程，概括人物性格特征；（2）进行艺术特色分析。

【答案】

（1）过程：贾宝玉等过生日，众人在一起行令喝酒，湘云划拳输了，被罚了酒，并拿“鸭头”取笑小丫鬟们，后来喝酒醉了，图凉快，在一块青板石凳上睡着了。她用鲛帕包了一包芍药花瓣枕着，四面芍药花飞了一身，满头脸衣襟上皆是红香散乱，手中的扇子掉在地下，也半被落花埋了，一群蜂蝶闹穰穰地围着她。她的嘴里还说着酒令，后被众人推醒。

性格：襟怀坦荡（率真坦荡）、开朗豪爽、不拘小节、豪放旷达、随性适意、才情卓越。

（2）①在幽静的山石僻处，在落花成阵的青板石凳上，湘云醉卧花丛。作者描绘出了一幅花香四溢、蝶飞蜂舞的少女春睡图。②通过对人物的动作、形态、语言的描写，寥寥数笔，向我们展现了一个烂漫、脱俗、婀娜、娇憨的少女形象。③营造了一幅充满诗意的美妙图景，环境、人物、落花、蜂蝶、梦境均是诗意的，和谐而温馨、宁静而浪漫；④这是一幅有声有色的山水画，是一幅诗情与画意完美结合的美人春睡图，也是作者审美理想的写照。

26. 读《红楼梦》第六十三回，根据要求，回答问题。

宝玉听了，恍如听了焦雷一般，喜的笑道：“怪道姐姐举止言谈，超然如野鹤闲云，原来有本而来。正因他的一件事我为难，要请教别人去。如今遇见姐姐，真是天缘巧合，求姐姐指教。”

（1）文中说“正因他的一件事我为难”，是一件什么事？这件事的过程是怎样的？请简要概述。

（2）这件事的前因是“寿怡红群芳开夜宴”，在这次夜宴上都有哪些人参加？活动中有很多细节描写，试举一例，进行简要论述。

【题解】

基于“群芳夜宴”以及后续故事发展进行研读，（1）明确事件，简述过程；（2）识记人物，分析艺术手法。

【答案】

（1）事件：妙玉在宝玉生日之际给他的拜帖中自称为“槛外人”，宝玉不知回帖时怎样自称才合适。

过程：宝玉生日，妙玉打发人送来一个拜帖，宝玉不知怎么回帖。在宝玉去请教林黛玉的路上，恰好遇见邢岫烟。邢岫烟告诉他，妙玉自称为“槛外人”的原因是妙玉常说古人自汉晋五代唐宋以来皆无好诗，只有两句好，就是“纵有千年铁门槛，终须一个土馒头”，所以自称“槛外之人”，回复时自称“槛内人”最合妙玉心意。于是宝玉回房写了帖子，亲自拿了到栊翠庵，隔门缝儿投了进去。

（2）参加人员：贾宝玉、薛宝钗、史湘云、林黛玉、贾探春、薛宝琴、李纨、香菱、袭人、晴雯、秋纹、麝月、芳官、碧痕、春燕、四儿、翠墨等。（至少说出六人）

要点示例：①几个丫鬟凑钱给宝玉过生日，体现主仆关系融洽。②宝玉想着黛玉怕冷，就让她靠板壁坐。体现了宝玉对黛玉感情笃厚，关爱体贴。③麝月掣出荼蘼花签，题写着“韶华胜极”，诗是“开到荼蘼花事了”。注云：“在席各饮三杯送春。”宝玉大概听到“开到荼蘼花事了”不吉利，便不喜欢此签，连忙说：“咱们且喝酒。”

27. 根据要求，回答问题。

《红楼梦》第七十四回，有这样的场景：

又到探春院内，谁知早有人报与探春了。探春也就猜着必有原故，所以引出这等丑态来，遂命众丫鬟秉烛开门而待。一时众人来了。……探春道：“我的东西倒许你们搜阅；要想搜我的丫头，这却不能。……你们不依，只管去回太太，只说我违背了太太，该怎么处治，我去自领。你们别忙，自然连你们抄的日子有呢！你们今日早起不曾议论甄家，自己家里好好的抄家，果然今日真抄了。咱们也渐渐的来了。可知这样大族人家，若从外头杀来，一时是杀不死的，这是古人曾说的‘百足之虫，死而不僵’，必须先从家里自杀自灭起来，才能一败涂地！”说着，不觉流下泪来。

（1）上面描写的场景发生于小说哪个重大事件中？这一事件引发了哪些后果？请概括这一事件，并举一例说明后果。

（2）上面的场景表现出探春哪些特点？请写出两点。

（3）你写出的探春特点在小说其他哪些情节中也有表现？请任选一个特点，举出一处情节，简要解说。

【题解】

基于“抄检大观园”这一主要故事情节，（1）概括事件，说明后果；（2）分析人物形象特点；（3）进行整本书阅读，探究分析。

【答案】

（1）事件：抄检大观园。

后果：司棋的私情被发现，被逐出大观园；入画保存兄长钱物被发现，被惜春强行赶走；惜春与尤氏因入画的事争吵，姑嫂反目；宝钗借故搬出大观园。

（2）特点：①有政治家般的远见和忧患意识，观察事物敏锐深刻，意识到抄检是昏聩之举，是家族日渐败落的征兆；②有胆魄，敢于公开批评、反抗昏聩的家长意志；③有强烈自尊，不容许任何人侵犯尊严，义正词严地维护自己和身边人的尊严；④有辩才，表达立场时有理有利有节。

（3）另举情节说明：如累金凤事件中，探春敏锐地发现迎春被恶仆纠缠，于是召来平儿，严词责问，借以威慑恶仆，巧妙利落地为迎春解围，维护了府内的尊卑秩序。

28. 根据要求，回答问题。

（1）《红楼梦》第七十四回抄检大观园时，众人对宝钗、黛玉的态度有什么不同？请简析原因。

（2）抄检大观园，对探春的描写比较详细，但也写到了迎春、惜春。说说贾府三位小姐在这一事件中各自有何反应。并请概括她们的性格特点。

（3）结合本回文本，谈谈贾府衰亡败落的因素有哪些。

【题解】

基于“抄检大观园”事件进行人物、性格以及家族衰亡的分析。

【答案】

（1）对宝钗：王熙凤认为：“只抄检咱们家的人，薛大姑娘屋里，断乎检抄不得。”王善保家的笑着同意。

对黛玉：对丫鬟仔细搜查，王善保家的在紫鹃屋里搜出宝玉的东西还很得意，拿给王熙凤检查，可见丝毫不把黛玉当回事。

原因：宝钗是王夫人妹妹的女儿，有薛姨妈和薛蟠可倚仗，且宝钗平时也会做人；而黛玉只是一个孤女，寄住在外祖母家。

（2）探春声泪俱下地痛斥抄检，声称“先从家里自杀自灭起来，才能一败涂地”，而当王善保家的试图开玩笑，搜她身子时，被她狠狠地扇了一巴掌。这表现出了探春的见识卓越、锋利可畏、凛然难犯。

迎春的大丫鬟司棋与姑表兄弟潘又安私下款通的东西被搜出后，面临被撵出园子的命运，迎春却不敢为她求情。这表现出了迎春的软弱。

惜春在她的大丫鬟入画箱子里被搜出一大包银子时，下狠心，抛弃入画，且要凤姐狠狠地惩罚入画，表现出了惜春的孤僻、自私、冷酷。

（3）贾府衰亡败落的因素：①作为管理者的王夫人持家教子无能。②贾府主子们之间的内部争斗，不团结。③贾府有不少上下淫乱、背弃人伦之事，糜烂不堪。④抄家进一步激化了内部矛盾，且使矛盾公开化。

29.《红楼梦》第七十六回，中秋之夜凹晶馆联诗一节每每为读者所乐道。

（1）在凹晶馆跟林黛玉联诗的人是谁？后来又续诗的是谁？

（2）联诗表现了林黛玉怎样的性格特征？请从小说其他章节中举出两例说明她的这一特点。

【题解】

基于“凹晶馆联诗”进行人物姓名识记，并结合其他章节分析林黛玉的性格特征。

【答案】

（1）史湘云、妙玉。

（2）性格：才思敏捷、才华横溢。

举例：①元妃省亲时，林黛玉见宝玉大费神思作不出，便有心替宝玉作诗，低头一想早已吟成一首诗，写在纸条上搓成个团子掷给宝玉。

②结海棠社时以“咏白海棠”为题，别人都写完了，她才提笔一挥而就，掷于众人，写出风流别致的“偷来梨蕊三分白，借得梅花一缕魂”。

③题菊花诗时，林黛玉一人独写三首《咏菊》《问菊》《菊梦》，且是前三名，魁夺菊花诗。

④芦雪庵联诗，林黛玉、史湘云、薛宝琴三人对抢，用史湘云的话说，她们不是在作诗，是在抢命。

⑤其他如第二十七回写《葬花吟》，第四十五回写《秋窗风雨夕》，第六十四回写《五美吟》，第七十回写《桃花行》等。

30. 根据要求，回答问题。

《红楼梦》第七十八回中，宝玉作《芙蓉女儿诔》。其中一句“红绡帐里，公子情深；黄土垄中，女儿命薄”被黛玉修改为“茜纱窗下，公子多情；黄土垄中，女儿薄命”。后又经过宝玉修改，变为“茜纱窗下，我本无缘；黄土垄中，卿何薄命”。听到此句，黛玉“忡然变色，心中虽有无限的狐疑乱拟，外面却不肯露出”。

（1）宝玉最后所改诔文中的“卿”字，本应指的是____（人名）。

（2）黛玉为何“忡然变色”？她的这种心理与小说后续情节有何关系？请结合原著，简要说明。

【题解】

人物姓名识记，对人物关系以及情节因果的理解，揭示原因，分析因果发展。

【答案】

（1）晴雯。

（2）①因为黛玉由此想到自己（或：最忌讳“无缘”与“薄命”二字）。②“无缘”暗指“木石前盟”最终败给“金玉良缘”（或贾母定亲，令宝玉娶薛宝钗为妻），而使宝黛婚事未成；“薄命”则预示了黛玉因身体而早逝（或黛玉最终焚稿泪尽而亡）。

31.《红楼梦》中许多处所与人物特点、人物关系、典型情节等内容紧密相连。学校开展“行走中的阅读”系列活动，准备组织同学们到“北京大观园”游学。请从以下景点中选择三个，确定一个研学主题，为自己的学习小组设计一条研学路线，完成下列学习任务。

备选景点：怡红院　潇湘馆　蘅芜苑　秋爽斋　花冢　芍药裀　滴翠亭　凹晶溪馆

任务一：写出研学主题和研学路线。

任务二：围绕研学主题，结合《红楼梦》中相关内容，阐释研学路线的设计理由。要求：符合原著，合情合理，条理清晰。150字左右。

任务三：从研学路线的三个景点中任选一个，写一段导游词，向同学们介绍这一景点。要求：符合原著，体现所确定的研学主题，语言有感染力，可写诗歌。100字左右。

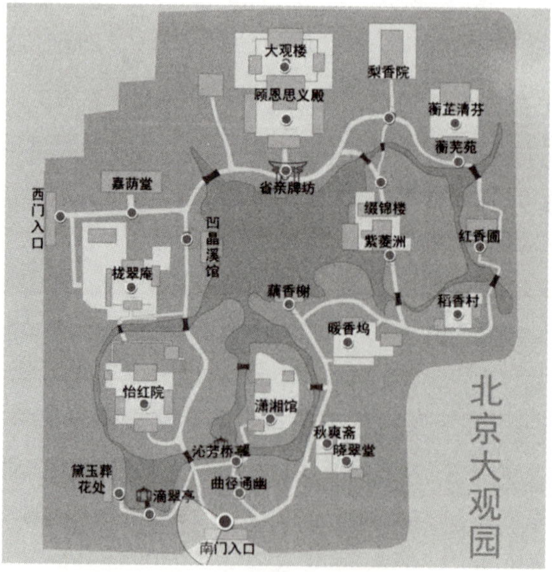

【题解】

可参考的研学路线组合及主题方向：

1. 潇湘馆、怡红院、花冢——宝黛爱情

2. 潇湘馆、蘅芜苑、滴翠亭——钗黛关系分析

3. 潇湘馆、怡红院、蘅芜苑——宝黛钗爱情悲剧

4. 潇湘馆、芍药裀、凹晶溪馆——湘黛关系（友情）

5. 潇湘馆、花冢、凹晶溪馆——黛玉形象分析

6. 潇湘馆、蘅芜苑、秋爽斋——女儿命运、住所与人物性格间的联系

…………

说明：同一条路线可以有多个主题。

参考内容：

怡红院：贾宝玉的住所

试才题对额时，宝玉题为“红香绿玉”，取意蕉棠两植。元宵省亲时，元春不喜“香玉”二字，将其改为“怡红快绿”，赐名“怡红院”，宝玉因号“怡红公子”。

宝玉题诗云：“深庭长日静，两两出婵娟。绿蜡春犹卷，红妆夜未眠。凭栏垂绛袖，倚石护清烟。对立东风里，主人应解怜。”

第十七回　大观园试才题对额　绕着碧桃花，穿过竹篱花障编就的月洞门，俄见粉垣环护，绿柳周垂。贾政与众人进了门，两边尽是游廊相接，院中点衬几块山石，一边种几本芭蕉，那一边是一株西府海棠，其势若伞，丝垂金缕，葩吐丹砂……引人进入房内。只见其中收拾的与别处不同，竟分不出间隔来的。原来四面皆是雕空玲珑木板，或“流云百蝠”，或“岁寒三友”，或山水人物，或翎毛花卉，或集锦，或博古，或万福万寿，各种花样，皆是名手雕镂，五彩销金嵌宝的。一槅一槅，或贮书，或设鼎，或安置笔砚，或供设瓶花，或安放盆景。其槅式样，或圆，或方，或葵花蕉叶，或连环半壁。真是花团锦簇，玲珑剔透。倏尔五色纱糊，竟系小窗；倏尔彩绫轻覆，竟如幽户。且满墙皆是随依古董玩器之形抠成的槽子，如琴、剑、悬瓶之类，俱悬于壁，却都是与壁相平的。众人都赞：“好精致！难为怎么做的！”

第二十六回　贾芸第一次进怡红院　这里贾芸随着坠儿逶迤来至怡红院中，……贾芸看时，只见院内略略有几点山石，种着芭蕉，那边有两只仙鹤，

在松树下剔翎。一溜回廊上吊着各色笼子，笼着仙禽异鸟。上面小小五间抱厦，一色雕镂新鲜花样槅扇，上面悬着一个匾，四个大字，题道是："怡红快绿"。贾芸想道："怪道叫'怡红院'，原来匾上是这四个字。"……连忙进入房内，抬头一看，只见金碧辉煌，文章闪烁，却看不见宝玉在那里。一回头，只见左边立着一架大穿衣镜，从镜后转出两个一对儿十五六岁的丫头来，说："请二爷里头屋里坐。"贾芸连正眼也不敢看，连忙答应了。

又进一道碧纱厨，只见小小一张填漆床上，悬着大红销金撒花帐子，宝玉穿着家常衣服，靸着鞋，倚在床上拿着本书，看见他进来，将书掷下，早带笑立起身来。

第四十一回　刘姥姥醉卧怡红院　刘姥姥便赶来拉他的手，"咕咚"一声却撞到板壁上，把头碰得生疼。细瞧了一瞧，原来是一幅画儿。刘姥姥自忖道："怎么画儿有这样凸出来的？"一面想，一面看，一面又用手摸去，却是一色平的，点头叹了两声。一转身，方得了个小门，门上挂着葱绿撒花软帘，刘姥姥掀帘进去。抬头一看，只见四面墙壁玲珑剔透，琴剑瓶炉皆贴在墙上，锦笼纱罩，金彩珠光，连地下踩的砖皆是碧绿凿花，竟越发把眼花了。找门出去，那里有门？左一架书，右一架屏。刚从屏后得了一个门，只见一个老婆子也从外面迎着进来。刘姥姥诧异，心中恍惚：莫非是他亲家母？因问道："你也来了，想是见我这几日没家去？亏你找我来，那位姑娘带进来的？"又见他戴着满头花，便笑道："你好没见世面！见这里的花好，你就没死活戴了一头。"说着，那老婆子只是笑，也不答言。刘姥姥便伸手去羞他的脸，他也拿手来挡，两个对闹着。刘姥姥一下子却摸着了，但觉那老婆子的脸冰凉挺硬的，倒把刘姥姥唬了一跳。猛想起："常听见富贵人家有种穿衣镜，这别是我在镜子里头呢？"想毕，又伸手一摸，再细一看，可不是四面雕空的板壁，将这镜子嵌在中间的，不觉也笑了。因说："这可怎么出去呢？"一面用手摸时，只听"硌磴"一声，又吓的不住的展眼儿。原来是西洋机括，可以开合，不意刘姥姥乱摸之间，其力巧合，便撞开消息，掩过镜子，露出门来。刘姥姥又惊又喜，遂走出来，忽见有一副最精致的床帐……

潇湘馆：林黛玉的住所

贾宝玉曾题匾额："有凤来仪"，因娥皇、女英二妃的斑竹典故而更名为潇湘馆。

第十七回　大观园试才题对额　忽抬头看见前面一带粉垣，里面数楹修舍，有千百竿翠竹遮映。众人都道：“好个所在！”于是大家进入，只见入门便是曲折游廊，阶下石子漫成甬路。上面小小两三房舍，一明两暗，里面都是合着地步打就的床几椅案。从里间房内又得一小门，出去则是后院，有大株梨花兼着芭蕉。又有两间小小退步。后院墙下忽开一隙，清泉一派，开沟仅尺许，灌入墙内，绕阶缘屋至前院，盘旋竹下而出。

第二十六回　潇湘馆春困发幽情　说着，便顺脚一径来至一个院门前，看那凤尾森森，龙吟细细：正是潇湘馆。宝玉信步走入，只见湘帘垂地，悄无人声。走至窗前，觉得一缕幽香从碧纱窗中暗暗透出，宝玉便将脸贴在纱窗上。看时，耳内忽听得细细的长叹了一声，道：“每日家情思睡昏昏！”

第四十回　史太君两宴大观园　贾母少歇一回，自然领着刘姥姥都见识见识。先到了潇湘馆。一进门，只见两边翠竹夹路，土地下苍苔布满，中间羊肠一条石子漫的甬路。刘姥姥让出路来与贾母众人走，自己却趄走土地。琥珀拉他道：“姥姥，你上来走，仔细苍苔滑了。”

刘姥姥因见窗下案上设着笔砚，又见书架上磊着满满的书，刘姥姥道：“这必定是那一位哥儿的书房了？”贾母笑指黛玉道：“这是我这外孙女儿的屋子。”刘姥姥留神打量了黛玉一番，方笑道：“这哪里像个小姐的绣房？竟比那上等的书房还好。”

蘅芜苑：薛宝钗的住所

一同进了蘅芜院。只觉异香扑鼻，那些奇草仙藤，愈冷愈苍翠，都结了实，似珊瑚豆子一般，累垂可爱。及进了房屋，雪洞一般，一色的玩器全无。案上只有一个土定瓶，瓶中供着数枝菊，并两部书，茶奁、茶杯而已。床上只吊着青纱帐幔，衾褥也十分朴素。

秋爽斋：贾探春的住所

探春素喜阔朗，这三间屋子并不曾隔断，当地放着一张花梨大理石大案，案上堆着各种名人法帖，并数十方宝砚，各色笔筒，笔海内插的笔如树林一般。那一边设着斗大的一个汝窑花囊，插着满满的一囊水晶球的白菊。西墙上当中挂着一大幅米襄阳《烟雨图》。左右挂着一副对联，乃是颜鲁公墨迹。其联云：

烟霞闲骨格　泉石野生涯

案上设着大鼎。左边紫檀架上放着一个大官窑的大盘，盘内盛着数十个娇黄玲珑大佛手。右边洋漆架上悬着一个白玉比目磬，旁边挂着小槌。

花冢

第二十三回　西厢记妙词通戏语　牡丹亭艳曲警芳心，那日正当三月中浣（每月中旬的休沐日），早饭后，宝玉携了一套《会真记》，走到沁芳闸桥边桃花底下一块石上坐着，展开《会真记》，从头细玩。正看到“落红成阵”，只见一阵风过，树上桃花吹下一大半来，落得满身满书满地皆是。宝玉要抖将下来，恐怕脚步践踏了，只得兜了那花瓣，来至池边，抖在池内。那花瓣儿浮在水面，飘飘荡荡，竟流出沁芳闸去了。回来只见地下还有许多花瓣。宝玉正踟蹰间，只听背后有人说道：“你在这里做什么？”宝玉一回头，却是黛玉来了，肩上担着花锄，花锄上挂着纱囊，手内拿着花帚。宝玉笑道：“来的正好，你把这些花瓣都扫起来，撂在那水里去罢。我才撂了好些在那里了。”黛玉道：“撂在水里不好，你看这里的水干净，只一流出去，有人家的地方脏的臭的混倒，仍旧把花糟蹋了。那畸角上我有一个花冢，如今把他扫了，装在这绢袋里，埋在那里；日久随土化了，岂不干净。”

芍药裀　第六十二回　憨湘云醉眠芍药裀　呆香菱情解石榴裙　正说着，只见一个小丫头笑嘻嘻的走来，说：“姑娘们快瞧，云姑娘吃醉了，图凉快，在山子后头一块青板石凳上睡着了。”众人听说，都笑道：“快别吵嚷。”说着，都走来看时，果见湘云卧于山石僻处一个石凳子上，业经香梦沈酣。四面芍药花飞了一身，满头脸衣襟上皆是红香散乱。手中的扇子在地下，也半被落花埋了，一群蜜蜂蝴蝶闹穰穰的围着。又用鲛帕包了一包芍药花瓣枕着。众人看了，又是爱，又是笑，忙上来推唤挽扶。湘云口内犹作睡语说酒令，嘟嘟嚷嚷说：“泉香酒冽，……醉扶归，宜会亲友。”众人笑推他说道：“快醒醒儿，吃饭去。这潮凳上还睡出病来呢！”湘云慢启秋波，见了众人，又低头看了一看自己，方知是醉了。

滴翠亭　第二十七回　滴翠亭杨妃戏彩蝶　埋香冢飞燕泣残红　忽见面前一双玉色蝴蝶，大如团扇，一上一下，迎风翩跹，十分有趣。宝钗意欲扑了来玩耍，遂向袖中取出扇子来，向草地下来扑。只见那一双蝴蝶忽起忽落，来来往往，将欲过河去了。引的宝钗蹑手蹑脚的，一直跟到池边滴翠亭上，香汗淋漓，娇喘细细。宝钗也无心扑了，刚欲回来，只听那亭里边嘁嘁喳喳有人说话。原来这亭子四面俱是游廊曲栏，盖在池中水上，四面雕镂槅子，糊着纸。宝钗在亭外听见说话，便煞住脚往里细听。只听说道：……宝钗外面听见这话，心中吃惊，想道："怪道从古至今那些奸淫狗盗的人，心机都不错，这一开了，见我在这里，他们岂不臊了？况且说话的语音，大似宝玉房里的小红。他素昔眼空心大，是个头等刁钻古怪的丫头，今儿我听了他的短儿，'人急造反，狗急跳墙'，不但生事，而且我还没趣。如今便赶着躲了料也躲不及，少不得要使个'金蝉脱壳'的法子。"犹未想完，只听"咯吱"一声，宝钗便故意放重了脚步，笑着叫道："颦儿，我看你往那里藏！"一面说一面故意往前赶。那亭内的小红坠儿刚一推窗，只听宝钗如此说着往前赶，两个人都唬怔了。宝钗反向他二人笑道："你们把林姑娘藏在那里了？"

凹晶溪馆 第七十六回 凸碧堂品笛感凄清 凹晶馆联诗悲寂寞 山凹里近水一个所在，就是凹晶馆。可知当日盖这园子，就有学问。这山之高处，就叫凸碧；山之低洼近水处，就叫凹晶。这"凸""凹"二字，历来用的人最少，如今直用作轩馆之名，更觉新鲜，不落窠臼。可知这两处，一上一下，一明一暗，一高一矮，一山一水，竟是特因玩月而设此处。有爱那山高月小的，便往这里来；有爱那皓月清波的，便往那里去。只是这两个字俗念作"洼""拱"二音，便说俗了，不大见用。

二人遂在两个竹墩上坐下。只见天上一轮皓月，池中一个月影，上下争辉，如置身于晶宫鲛室之内。微风一过，粼粼然池面皱碧叠纹，真令人神清气爽。湘云笑道："怎么得了这会子上船吃酒才好！要是在我家里，我就立刻坐船了。"

原来黛玉和湘云二人并未去睡。只因黛玉见贾府中许多人赏月，贾母犹叹人少，又想宝钗姐妹家去，母女弟兄自去赏月，不觉对景感怀，自去倚栏垂泪。宝玉近因晴雯病势甚重，诸务无心，王夫人再四遣他去睡，他从此去了。探春又因近日家事恼着，无心游玩。虽有迎春和惜春二人，偏又素日不大甚合，所以只剩湘云一人宽慰他。

湘云方欲联时，黛玉指池中黑影与湘云看道："你看那河里，怎么象个人到黑影里去了？敢是个鬼？"湘云笑道："可是又见鬼了！我是不怕鬼的，等我打他一下。"因弯腰拾了一块小石片，向那池中打去。只听打得水响，一个大圆圈将月影激荡，散而复聚者几次。只听那黑影里"嘎"的一声，却飞起一个白鹤来，直往藕香榭去了。黛玉笑道："原是他，猛然想不到，反吓了一跳。”湘云笑道：“正是这个鹤有趣，倒助了我了。”因联道：窗灯焰已昏。寒塘渡鹤影……黛玉只看天，不理他，半日，猛然笑道：“你不必捞嘴，我也有了，你听听。”因对道：冷月葬花魂。湘云拍手赞道：“果然好极，非此不能对。好个‘葬花魂’！”因又叹道：“诗固新奇，只是太颓丧了些。你现病着，不该作此过于凄清奇谲之语。”

【答案】

示例一：

任务一：主题：寻踪感诗才——访林黛玉吟诗之所，理解其性格和命运 路线：花冢—潇湘馆—凹晶溪馆

任务二：《红楼梦》中除诗社赛诗外，还多次写到黛玉吟诗，这些诗词展现了她的性格，暗示其命运。来到花冢，会令人想到黛玉的《葬花吟》，这首因见落英而自伤身世的长诗，同时呐喊出“质本洁来还洁去，强于污淖陷渠沟”的孤傲和不流于世俗的高洁；行至潇湘馆，会令人想到宝玉赠帕后，黛玉帕上题诗，亦会念起“风雨夕闷制风雨词”所表达的对命运的慨叹；走近黛玉和湘云曾中秋联诗的凹晶溪馆，“冷月葬花魂”自会回响耳畔，一语成谶，暗示了黛玉如花凋残的命运。沿此路线吟诗读黛玉，帮助我们更好地理解这位“咏絮之才”的性格和命运。

任务三：凤尾森森，龙吟细细，碧纱窗下，愁思密密。此地，便是黛玉的潇湘馆。日日清读，她在那磊架诗书下酿造性灵与眼泪；宝玉赠帕，她以一帕诗语初袒心意；宝钗探病，真诚暖语金兰互契……到如今，窗虚椅空，笔犹淋漓。持才却终未如意，情深难敌千年律。颦颦在梦，万人悲啼。

示例二：

任务一：主题：凹晶月下心相惜——黛玉和湘云的友情 路线：潇湘馆—芍药裀—凹晶溪馆

任务二：黛玉和湘云同是父母双亡，才华超卓，却个性迥异。黛玉住在翠竹青青的潇湘馆，竹前吟诗，月下洒泪，多愁善感却又孤傲高洁。湘云在宝玉生日宴时醉卧芍药裀，口中还不忘说着酒令。她豪迈爽朗，率真可爱中别有一种名士风流。湘云之前对黛玉有一些不满，但在抄检大观园之后的中秋，二人在凹晶馆联诗，惺惺相惜，真诚开解宽慰对方，为彼此的诗句叫好。她们在这里不仅展示了自己的才华，还成为真正的知己。按此线路设计研学，

有助于理解这两个人物的形象特点及她们独特的友情。

任务三：同学们，这就是黛玉湘云联诗的凹晶溪馆，虽只有几间房宇，其建造却匠心独运：低洼是凹，近水为晶，中秋之时，皓月清波，上下一色，恰似碧水晶宫。微风过时，波光粼粼，又恰似皱碧铺纹。这里清净少人，偶有白鹤渡塘，为二人联诗增添了几许灵感，也带来了一丝悲凉。正是在此处，黛玉湘云惺惺相惜，彼此安慰，吟出了“寒塘渡鹤影，冷月葬花魂”的佳句。

示例三：

任务一：主题：知音共怜香冢花——了解宝黛爱情　路线：怡红院—潇湘馆—花冢

任务二：按黛玉芒种节前日和芒种日当天到的三个地点组成研学路线。前一日黛玉夜访怡红院，吃了闭门羹，望门洒了几点泪，转身回到潇湘馆。第二日，宝玉来潇湘馆找黛玉，黛玉不理他，躲到别处去。宝玉路上看到残花便兜起来准备葬到曾经葬花的花冢里，听得有人哭道：“侬今葬花人笑痴，他年葬侬知是谁？”宝玉恸倒山坡，二人的爱情因此又进一步。二人对残花之悲凸显对美好生命消残之痛惜，可谓知音。

任务三：花冢没有亭台楼阁，只是一个葬花土堆，却是黛玉悲花悯人、感伤身世、诉说孤苦、知音共悲之所。黛玉第一次葬花，埋花香冢，让花洁来又洁去，巧遇宝玉葬花水中。第二次花冢相遇，一首悲戚的《葬花吟》直听得宝玉痛彻心扉，恸倒山坡。用地点连接知音，以心声觅得知音，花冢显露出二人相同的生命观，也暗示了二人的爱情悲剧和生命悲剧！

示例四：

任务一：主题：住处亦可见性格——住所与人物的关系　路线：潇湘馆—秋爽斋—蘅芜苑

任务二：《红楼梦》中作者借刘姥姥二进荣国府时随贾母游览大观园的游踪描写了三个人的住处：先到潇湘馆，再到秋爽斋，后到蘅芜苑，体现了三个人不同的性格特点：潇湘馆笔砚书籍盈架，彰显黛玉爱读书、有才情；秋爽斋阔朗华贵，体现探春的高雅大气；蘅芜苑如雪洞一般素淡雅洁，符合宝钗藏愚守拙、含蓄内敛的性格，也预示了她守寡的结局。故设计本次研学路线，有助于同学们通过居住环境理解人物特点，感悟《红楼梦》环境描写与人物性情浑然统一的文学艺术境界。

任务三：才自精明志自高，生于末世运偏消。同学们，这里就是才清志高的探春居住的地方——秋爽斋。院中有芭蕉映日、梧桐待雨，十分有意境，暗合探春起诗社、爱诗词的高雅志趣，也让人联想起黛玉打趣探春别号“蕉下客”的有趣情节。进入房中可见三间屋子不曾隔断，阔朗大气，大佛手、大案、名家字画等摆设高雅华贵，凸显了探春作为小姐的高贵身份，也让我们感受到了探春高雅的志趣与豪爽大气的性格。

32.“你大抵是倦了，竟回我这般敷衍。”

“你瞧，又开始画饼了，我要是信了，怕是要哭断肠去了。”

近来，一种被网友戏称为“林黛玉‘发疯文学’”的二次创作因融入古典模仿和网络表达元素而迅速走红。对此你怎么看？请为这一网络现象写一则短评。要求：观点明确，言之有理。150 字左右。

【题解】

针对这一现象支持、反对或辩证看均可。理由阐述抓住古典和网络表达元素两个角度分析，也可以给出对现象的处理方式。

【答案】

示例一：我认为这一现象是有益的。首先，借用黛玉语录创新幽默表达方式，有利于委婉含蓄地表达自己的不满等情绪，防范化解交谈时的小摩擦，和谐并活跃网聊氛围。其次，林妹妹语录走红何尝不是古典文学传播方式的一种创新？网络上一句“发疯文学”的应用，给许多对红楼一无所知的网友打开新世界的大门：原来林妹妹会“葬花”，亦会“种草”。于是人们在网上冲浪的同时也能走进古典文学世界，在获取快乐的同时也可开阔视野。因此，我赞成让文学沿着网线走遍大街小巷。

示例二：我认为这种二次创作是不尊重原著的行为，不值得推崇。一方面，“林黛玉‘发疯文学’”将流行的网络用语与传统人物的形象结合，只看到了林黛玉语言上的特点，而忽略其整体人物形象，往往导致“只见树木，不见森林”。另一方面，运用新媒体对传统文化进行传播的手段是值得肯定的，但是过度地将传统名著流行化，不仅会误导未读过名著的人，还容易使人们浮于表面，终是抱着娱乐至上的心理，反而忽视了对古典名著背后主旨与文化内涵的深究与理解。

示例三：我认为林黛玉的“发疯文学”是传承经典的新形式。其一，黛玉是一个真性情、有才情的妙龄少女，正因如此，广大网友借黛玉的语气直接又真实地发泄遭遇的不公和对生活琐事的不满，符合当代年轻人直率的表达形式。其二，情绪化的表达方式所引起的争相模仿与改编，容易让人产生共鸣，是利用文学经典回潮传播的新方式，更加贴合信息时代。然而，这看似创新文学的本质也是一种短暂的娱乐流行，我们更应借此回归原著，创新有度，把握二者平衡，使经典真正永流传。

33. 根据学校课程安排，高一的学弟学妹们要进行研究性学习，其中部分同学研究的对象是经典名著《红楼梦》。请你为他们拟定一个研究课题，并阐释理由。

【题解】

重点要放在阐释课题研究的理由上，这个理由可以从多个角度进行阐释。

【答案】

示例：我拟定的研究课题是“《红楼梦》中的反抗者”。《红楼梦》的故事背景是在阶级制度严苛的封建贵族家庭中，书中很多人物却表现出了对抗礼教制度，追求个人精神自由的不屈精神，如宝玉的痛恨官场，黛玉的偷读《西厢记》，抑或是尤三姐的撞剑明志……这一个个富有抗争精神的鲜活人物，使《红楼梦》成为一部宣扬思想解放，鼓励个人自由的古代进步书籍。研究这些反抗者的故事，让我们从不同的角度来审视封建社会，同时反省当今社会抑或也同样存在的封建社会的影子，从而更好地珍视幸福的生活。

34.《红楼梦》是一部伟大的作品，读完之后你一定会有很多想说的话。请给作者写一段文字，表达你的感受。

【题解】

从阅读体验的角度探究。

【答案】

示例一：致曹公：今者余得以见黛玉之袅娜，宝钗之婉约，熙凤之泼辣，晴雯之伶俐，实乃余之幸也。然宝黛凄婉爱情令人痛兮，宝钗空守闺房令人怜兮，晴雯之死令人惋兮，熙凤独留巧姐令人悲兮。呜呼！皆叹世事之无常，命运之多舛，大抵如斯耶？悲情之后自有其一番道理，白茫茫一片之下自有其掩之黑漆污泥，多少性命皆陷于此！功名利禄，富贵荣华，一世英名咸来于此。只道众生皆苦，方解荒唐之言。此书读来余香满口，余不胜感激先生之诲！

示例二：满纸荒唐言，谁解其中味！曹公，您把一身才华融于书中，从衣食住行到礼乐俗艺，从谋篇布局到伏笔细节，常令我惊喜不断；您把世间道理融于书中，从贾史王薛的兴衰变迁到天下没有不散的筵席，如警世格言，开拓我眼界，鞭策我言行；您把生命心血融于其中，从焚稿断魂到千红一哭万艳同悲，每个形象及其精神都有不同，让我心中悸动，为之悲喜沉迷难自拔。合上《红楼梦》，千言万语难言表，只慨叹、膜拜这座文学奇峰！

文本精读

文段选读

阅读原典是最基本、最朴素、最有效的阅读行为。只有走进文本，实现真阅读，才能逐步把握作品的人物形象、故事情节、语言运用、表现手法、艺术特色及作品主题等，才能真正感受作品的艺术魅力。读者都懂得这个道理。但是《红楼梦》一书，煌煌巨著，阅读起来确实难度很大。面对这一问题，该怎么办呢？最简单的做法是，选读某些精彩片段，以此带动对整本书的阅读。

《红楼梦》需要重点研读的精彩片段有：第一回甄士隐梦幻识通灵、贾雨村风尘怀闺秀，第二回冷子兴演说荣国府，第三回接外孙贾母惜孤女，第四回葫芦僧判断葫芦案，第五回游幻境指迷十二钗、饮仙醪曲演红楼梦，第六回刘姥姥一进荣国府，第八回探宝钗黛玉半含酸，第十三回王熙凤协理宁国府，第十七、第十八回大观园试才题对额，第十九回意绵绵静日玉生香，第二十二回听曲文宝玉悟禅机，第二十三回西厢记妙词通戏语，第二十七回滴翠亭杨妃戏彩蝶、埋香冢飞燕泣残红，第三十回宝钗借扇机带双敲、龄官画蔷痴及局外，第三十三回不肖种种大承笞挞，第三十四回情中情因情感妹妹，第三十七回秋爽斋偶结海棠社，第三十八回林潇湘魁夺菊花诗，第四十回史太君两宴大观园，第四十一回贾宝玉品茶栊翠庵，第四十八回慕雅女雅集苦吟诗，第四十九回脂粉香娃割腥啖膻，第五十二回勇晴雯病补雀金裘，第五十六回敏探春兴利除宿弊，第六十二回憨湘云醉眠芍药裀，第六十三回寿怡红群芳开夜宴，第六十九回弄小巧用借剑杀人，第七十回林黛玉重建桃花社、史湘云偶填柳絮词，第七十四回惑奸谗抄检大观园，第七十六回凹晶馆联诗悲寂寞。

一、阅读下面这两首诗，完成 1–2 题。（共 7 分）

满纸荒唐言

曹雪芹

满纸荒唐言，一把辛酸泪。

都云作者痴，谁解其中味？

咏菊

林黛玉

无赖诗魔昏晓侵，绕篱欹石自沉音。

毫端蕴秀临霜写，口齿噙香对月吟。

满纸自怜题素怨，片言谁解诉秋心？

一从陶令平章后，千古高风说到今。

1. 下列对这两首诗的理解，不正确的一项是（3 分）

A.《满纸荒唐言》是作者的高明预见，每个人看到的都不是完整的《红楼梦》。

B.《满纸荒唐言》的作者借《红楼梦》给世人消愁解闷，同时寄托了内心的感慨。

C.《咏菊》的颔联描写黛玉临霜作诗、对月吟咏的情景，富有美感。

D.《咏菊》的尾联借写陶渊明歌咏菊花的高风亮节，暗示作者高洁的品格。

【题解】

考查对诗歌内容与情感的理解。

【答案】

B。“《红楼梦》给世人消愁解闷”有误。作者把自己一生的经历加以艺术的概括和提炼，作品看似荒唐，却是一个葬送旧时代的悲剧故事。

2. 有人说，曹雪芹借《咏菊》中的“满纸自怜题素怨，片言谁解诉秋心？”表达了自己的心声，请比较这两首诗在内容情感方面的相同之处以及在表现手法方面的不同之处。（4 分）

【题解】

考查比较阅读。内容情感方面，赏析的是相同之处；表现手法方面，赏析的是不同之处。

【答案】

示例：①内容情感方面的相同之处：我们从林黛玉的诗中听到了曹雪芹的心声，这两首诗是二者之间激起的回响和共鸣，都表达了诗人一怀情愫不被人理解的苦闷。

②表现手法方面的不同之处：《满纸荒唐言》出现在小说第一回，曹雪芹直接抒情，开篇明义，概述整部小说的大意。结语是一个反问句，表明了此书谁能读懂的感叹。《咏菊》是林黛玉咏物抒情，借菊的品质抒自己清高孤傲、目下无尘的情怀。

二、阅读下面材料，回答1–5题。（共18分）

【终身误】都道是金玉良缘，俺只念木石前盟。空对着，山中高士晶莹雪；终不忘，世外仙姝寂寞林。叹人间，美中不足今方信；纵然是，齐眉举案，到底意难平。

1. 这首曲中，“金玉良缘”“木石前盟”分别指的是贾宝玉和________、________之间的关系。其中有些语句使用了谐音字，如“雪”与“________”谐音。从曲子的内容看，这里描述是贾宝玉结婚之________（填写“前”或“后”）的情形。（4分）

【题解】

考查对人物及情节的把握。曲子对后文的人物及其命运有暗示作用。

【答案】

薛宝钗　林黛玉　薛　后

【枉凝眉】一个是阆苑仙葩，一个是美玉无瑕。若说没奇缘，今生偏又遇着他；若说有奇缘，如何心事终虚化？一个枉自嗟呀，一个空劳牵挂。一个是水中月，一个是镜中花。想眼中能有多少泪珠儿，怎禁得秋流到冬，春流到夏。

2. 下列曲子里的事物，都指同一人的一项是（3 分）

A.“金”“玉”“高士”

B.“玉”“石”“美玉”

C.“玉”“木”“仙葩”

D.“金”“仙葩”“高士”

【题解】

考查对曲子与后文人物对应关系的理解。

【答案】

B。“金”“高士”指薛宝钗；“玉”“美玉”“石”指贾宝玉；“木”“仙葩”指林黛玉。

3. 对这两首曲子的内容，理解正确的一项是（3 分）

A.《枉凝眉》中所说的“奇缘”与《终身误》中的“良缘”所指相同。

B.《枉凝眉》中“枉自”“空劳”与《终身误》中的“美中不足”同义。

C.《终身误》中“空对”的也就是《枉凝眉》中的“水中月”“镜中花”。

D.《终身误》中“寂寞”是因为《枉凝眉》中眼中的“泪珠”已经流尽。

【题解】

考查对曲子与后文情节之间对应关系的理解。

【答案】

D。A“奇缘”指木石之间；“良缘”指金玉之间。B“枉自”“空劳”指宝黛之间；“美中不足”指宝玉和宝钗之间。C“空对”的对象是薛宝钗。

4. 有人想用孟子“鱼与熊掌不可得兼”的观点来劝说贾宝玉，你觉得合适吗？说明理由。（4 分）

【题解】

考查对观点态度的探究。

【答案】

示例：不合适。这句话本意不是说二者必然不可兼得，而是强调当如果不能兼得的时候，我们应当如何取舍。孟子是假设都想得到而不可得，而贾宝玉一心想得到林黛玉。用这句话劝说他是不合适的。

5. 这两首曲子，运用了相同的写法。请选择一种，结合具体语句，写出其表达效果。（4分）

【题解】

考查对曲子写法的赏析。回答对偶、比喻都可以。

【答案】

示例：都运用了对偶的修辞手法，如“都道是金玉良缘”对“俺只念木石前盟”，写出了宝玉对黛玉的一片痴情；“水中月”对“镜中花”，写出了二人关系的飘忽不定。语言简洁，节奏鲜明，读来上口。

三、阅读下面的作品，完成1–5题。（共24分）

大观园试才题对额（节选）

曹雪芹

贾政命贾珍在前引导，自己扶了宝玉，逶迤进入山口。抬头忽见山上有镜面白石一块，正是迎面留题处。贾政回头笑道：“诸公请看，此处题以何名方妙？”众人听说，也有说该题“叠翠”二字的，也有说该题“锦嶂”的，又有说“赛香炉”的，又有说“小终南”的，种种名色，不止几十个。原来众清客心中，早知贾政要试宝玉的功业进益如何，只将些俗套来敷衍。宝玉亦料定此意。贾政听了，便回头命宝玉拟来。宝玉道：“尝闻古人有云：‘编新不如述旧，刻古终胜雕今。’况此处并非主山正景，原无可题之处，不过是探景一进步耳。莫若直书‘曲径通幽’这句旧诗在上，倒还大方气派。”众人听了，都赞道：“是极！二世兄天赋高，才情远，不似我们读腐了书的。”贾政笑道：“不可谬奖。他年小，不过以一知充十用，取笑罢了。再俟选拟。”

说着，进入石洞来。只见佳木茏葱，奇花闪灼，一带清流，从花木深处曲折泻于石隙之下。再进数步，渐向北边，平坦宽豁，两边飞楼插空，雕甍绣槛，皆隐于山坳树杪之间。俯而视之，则清溪泻雪，石磴穿云，白石为栏，环抱池沿，石桥三港，兽面衔吐。桥上有亭。贾政与诸人上了亭子，倚栏坐了，因问："诸公以何题此？"诸人都道："当日欧阳公《醉翁亭记》有云：'【甲】'，就名'翼然'。"贾政笑道："'翼然'虽佳，但此亭压水而成，还须偏于水题方称。依我拙裁，欧阳公之'【乙】'，竟用他这一个'泻'字。"有一客道："是极，是极。竟是'泻玉'二字妙。"贾政拈髯寻思，因抬头见宝玉侍侧，便笑命他也拟一个来。宝玉听说，连忙回道："老爷方才所议已是。但是如今追究了去，似乎当日欧阳公题酿泉用一'泻'字则妥，今日此泉若亦用'泻'字，则觉不妥。况此处虽云省亲驻跸别墅，亦当入于应制之例，用此等字眼，亦觉粗陋不雅。求再拟较此蕴藉含蓄者。"贾政笑道："诸公听此论若何？方才众人编新，你又说不如述古；如今我们述古，你又说粗陋不妥。你且说你的来我听。"宝玉道："用'泻玉'二字，则莫若'沁芳'二字，岂不新雅？"贾政拈髯点头不语。众人都忙迎合，赞宝玉才情不凡。贾政道："匾上二字容易。再作一副七言对联来。"宝玉听说，立于亭上，四顾一望，便机上心来，乃念道：________，________。贾政听了，点头微笑。众人先称赞不已。

于是出亭过池，一山一石，一花一木，莫不着意观览。忽抬头看见前面一带粉垣，里面数楹修舍，有千百竿翠竹遮映。众人都道："好个所在！"于是大家进入，只见入门便是曲折游廊，阶下石子漫成甬路。上面小小两三间房舍，一明两暗，里面都是合着地步打的床几椅案。从里间房内又得一小门，出去则是后院，有大株梨花兼着芭蕉。又有两间小小退步。后院墙下忽开一隙，得泉一派，开沟仅尺许，灌入墙内，绕阶缘屋至前院，盘旋竹下而出。

贾政笑道："这一处还罢了。若能月夜坐此窗下读书，不枉虚生一世。"说毕，看着宝玉，唬的宝玉忙垂了头。众客忙用话开释，又说道："此处的匾该题四个字。"贾政笑问："那四字？"一个道是"淇水遗风"。贾政道："俗。"又一个是"睢园雅迹"。贾政道："也俗。"贾珍笑道："还是宝兄弟拟一个来。"贾政道："他未曾作，先要议论人家的好歹，可见就是个轻薄人。"众客道："议论的极是，其奈他何。"贾政忙道："休如此纵了他。"因命他道："今日任你狂为乱道，先设议论来，然后方许你作。方才众人说的，可有使得的？"宝玉见问，答道："都似不妥。"贾政冷笑道："怎么不妥？"宝玉道：

“这是第一处行幸之处，必须颂圣方可。若用四字的匾，又有古人现成的，何必再作。”贾政道：“难道‘淇水’‘睢园’不是古人的？”宝玉道：“这太板腐了。莫若‘有凤来仪’四字。”众人都哄然叫妙。贾政点头道：“畜生，畜生，可谓‘管窥蠡测’矣。”因命：“再题一联来。”宝玉便念道：

宝鼎茶闲烟尚绿，幽窗棋罢指犹凉。

贾政摇头说道：“也未见长。”说毕，引众人出来。

一面走，一面说，倏尔青山斜阻。转过山怀中，隐隐露出一带黄泥筑就矮墙，墙头皆用稻茎掩护。有几百株杏花，如喷火蒸霞一般。里面数楹茅屋。外面却是桑、榆、槿、柘，各色树稚新条，随其曲折，编就两溜青篱。篱外山坡之下，有一土井，旁有桔槔辘轳之属。下面分畦列亩，佳蔬菜花，漫然无际。

贾政笑道：“倒是此处有些道理。固然系人力穿凿，此时一见，未免勾引起我归农之意。我们且进去歇息歇息。”说毕，方欲进篱门去，忽见路旁有一石碣，亦为留题之备。众人笑道：“更妙，更妙！此处若悬匾待题，则田舍家风一洗尽矣。立此一碣，又觉生色许多，非范石湖田家之咏不足以尽其妙。”贾政道：“诸公请题。”众人云：“方才世兄有云，‘编新不如述旧’，此处古人已道尽矣，莫若直书‘杏花村’妙极。”贾政听了，向众人道：“‘杏花村’固佳，只是犯了正名，村名直待请名方可。”众客都道：“是呀。如今虚的，便是什么字样好？”

大家想着，宝玉却等不得了，也不等贾政的命，便说道：“旧诗有云：‘红杏梢头挂酒旗’。如今莫若‘杏帘在望’四字。”众人都道：“好个‘在望’！又暗合‘杏花村’意。”宝玉冷笑道：“村名若用‘杏花’二字，则俗陋不堪了。又有古人诗云：‘柴门临水稻花香’，何不就用‘稻香村’的妙？”众人听了，益发哄声拍手道：“妙！”贾政一声断喝：“无知的业障！你能知道几个古人，能记得几首熟诗，也敢在老先生前卖弄！你方才那些胡说的，不过是试你的清浊，取笑而已，你就认真了！”

说着，引人步入茆堂，里面纸窗木榻，富贵气象一洗皆尽。贾政心中自是欢喜，却瞅宝玉道：“此处如何？”众人见问，都忙悄悄的推宝玉，教他说好。宝玉不听人言，便应声道：“不及‘有凤来仪’多矣。”贾政听了道：“无知的蠢物！你只知朱楼画栋、恶赖富丽为佳，那里知道这清幽气象。终是不读书之过！”宝玉忙答道：“老爷教训的固是，但古人常云‘天然’二字，不知何意？”

众人见宝玉牛心，都怪他呆痴不改。今见问“天然”二字，众人忙道：“哥儿别的都明白，为何连‘天然’不知？天然者，天之自然而有，非人力之所成也。”宝玉道：“却又来！此处置一田庄，分明见得人力穿凿扭捏而成。远无邻村，近不负郭，背山山无脉，临水水无源，高无隐寺之塔，下无通市之桥，峭然孤出，似非大观。争似先处有自然之理，得自然之气，虽种竹引泉，亦不伤于穿凿。古人云‘天然图画’四字，正畏非其地而强为地，非其山而强为山，虽百般精而终不相宜……”未及说完，贾政气的喝命：“叉出去！”刚出去，又喝命：“回来！”命再题一联：“若不通，一并打嘴！”宝玉只得念道：

新涨绿添浣葛处，好云香护采芹人。

贾政听了，摇头说：“更不好。”一面引人出来。

（节选自《红楼梦》第十七回至十八回“大观园试才题对额，荣国府归省庆元宵”）

1. 贾政与众人化用《醉翁亭记》中的语句，给大观园中桥上之亭拟名为“翼然”“泻玉”。请在文中【甲】【乙】两处写出相关语句。（2分）

【题解】

考查记忆和理解。

【答案】

甲：有亭翼然　　乙：泻出于两峰之间

2. 根据大观园“沁芳亭”周围景物的特点，选出贾宝玉为“沁芳亭”撰写的对联。（3分）

A. 前门绿柳垂金锁　后户青山列锦屏

B. 麝兰芳霭斜阳院　杜若香飘明月洲

C. 绕堤柳借三篙翠　隔岸花分一脉香

D. 三径香风飘玉蕙　一庭明月照金兰

【题解】

考查理解与应用。

【答案】

C

3. 小说多次描写贾政的“笑”，阅读相关内容，完成（1）（2）题。（8分）

（1）解说加点处“笑”所蕴含的不同意味。（3分）

（2）以贾政的“笑”为例，赏析曹雪芹刻画人物的独到之处。（5分）

【题解】

考查对人物情态的理解，以及对刻画人物作用的理解。

（1）结合语境把握“笑”的意味。第一处和第二处有所不同，主要是在对象、原因、程度等方面，第三处“笑”则是表明态度。

（2）赏析独到之处（明确观点），分析作者通过描写人物的神态（外貌、微笑、细节）变化，表现出人物在特定场景中的不同心理（不同情感、不同性格），从而塑造了丰富、饱满的人物形象。

【答案】

示例：（1）第一处“笑”，贾政以客套示人，而内心对宝玉题“曲径通幽”颇为满意，还因众人夸赞宝玉而得意，也有敲打宝玉不要自得的意味；

第二处“微笑”，贾政对宝玉的“沁芳”题名及题对看似未置可否，实则非常满意；

第三处“冷笑”，贾政对宝玉评价众客拟题“都似不妥”的轻狂似乎颇为不满，内心实则无太多责备。

（2）从贾政对宝玉才情认可及微笑可以看出贾政是一个望子成龙，对宝玉期待很大的父亲。对于众人的想法，宝玉又一票否决了，贾政的冷笑刻画出他是一个严格且与宝玉不亲近的父亲形象，以及面对众人笑表现出虚伪的形象。仅仅是几个特定情境的笑，把贾政的多元形象展现得淋漓尽致，可见作者独特的刻画人物的功力。

评分要点：观点明确（1分），有理有据（2分），分析合理（2分）。

4. 贾政率众人游览大观园，一见“潇湘馆”，众人都道：“好个所在！”请根据小说内容，概括“潇湘馆”是个怎样“好”的所在。曹雪芹如此描写“潇湘馆”的匠心何在？（6分）

【题解】

考查对内容的概括，以及对写法用意的理解。

【答案】

特点：翠竹掩映，清幽雅致；泉水绕竹，自然灵动；布局讲究，精巧不俗。（3分）

匠心：营造幽静清雅的氛围，映衬人物清高孤傲的性格、自然脱俗的高雅品味。（3分）

5.《红楼梦》第三回中写道：后人有《西江月》词批宝玉“纵然生得好皮囊，腹内原来草莽”。节选部分众人“赞宝玉才情不凡”。请结合节选部分的相关内容，说说你对宝玉这一人物的评价。（5分）

【题解】

考查对人物形象评价的探究。

【答案】

示例：宝玉为亭取名“曲径通幽”，还说“刻古终胜雕今”，可见宝玉富于诗才，有才情且爱读诗书；宝玉有真情说真话，在与贾政评论“杏帘在望”句和发表对“天然”的看法之时，与贾政观点相违背，可见宝玉的才华横溢，真性情与世俗不合，“腹内原来草莽”是世人的评价，而宝玉却恰与此相反。

评分要点：观点明确（1分），理由充分（2分），分析合理（2分）。

四、阅读节选的《红楼梦》文段，并结合对整本书的阅读，完成1–3题。（共12分）

且说贾元春命宝钗等只管在园中居住，命宝玉仍随进去读书。别人听了还自犹可，惟宝玉听了这谕，喜的无可不可。正和贾母盘算，要这个，弄那个，忽见丫鬟来说：“老爷叫宝玉。”宝玉听了，好似打了个焦雷，登时扫去兴头，脸上转了颜色，杀死不敢去。贾母只得安慰他道："好宝贝，你只管去，有我呢，他不敢委屈了你。想是娘娘叫你进去住，他吩咐你几句，不过不教你在里头淘气。他说什么，你只好生答应着就是了。"宝玉只得前去，一步挪不了三寸，蹭到这边来。

只见贾政和王夫人对面坐在炕上说话，地下一溜椅子，迎春、探春、惜春、贾环四个人都坐在那里。一见他进来，惟有探春和惜春、贾环站了起来。贾政一举目，见宝玉站在跟前，神彩飘逸，秀色夺人；看看贾环，人物委琐，举止荒疏；忽又想起贾珠来，再看看王夫人只有这一个亲生的儿子，素爱如珍，自己的胡须将已苍白：因这几件上，把素日嫌恶处分宝玉之心不觉减了八九。半晌说道："娘娘吩咐说，你日日外头嬉游，渐次疏懒，如今叫禁管，同你姊妹在园里读书写字。你可好生用心习学，再如不守分安常，你可仔细！"宝玉连连的答应了几个"是"。王夫人便拉他在身旁坐下。他姊弟三人依旧坐下。

王夫人摸挲着宝玉的脖项说道："前儿的丸药都吃完了？天天临睡的时候，叫袭人伏侍你吃了再睡。"宝玉道："只从太太吩咐了，袭人天天晚上想着，打发我吃。"贾政问道："袭人是何人？"王夫人道："是个丫头。"贾政道："丫头不管叫个什么罢了，是谁这样刁钻，起这样的名字？"王夫人见贾政不自在了，便替宝玉掩饰道："是老太太起的。"贾政道："老太太如何知道这话，一定是宝玉。"宝玉见瞒不过，只得起身回道："因素日读诗，曾记古人有一句诗云：'花气袭人知昼暖'。因这个丫头姓花，便随口起了这个名字。"王夫人忙又道："宝玉，你回去改了罢。老爷也不用为这小事动气。"贾政道："究竟也无碍，又何用改。只是可见宝玉不务正，专在这些浓词艳赋上作工夫。"说毕，断喝一声："作业①的畜生，还不出去！"王夫人也忙道："去罢，只怕老太太等你吃饭呢。"宝玉答应了，慢慢的退出去，向金钏儿笑着伸伸舌头，带着两个嬷嬷一溜烟去了。

（节选自曹雪芹《红楼梦》第二十三回，有删改）

注释：①业：罪孽。

1. 下列表述及分析不准确的两项是（4分）

A. 探春、惜春和贾环见到宝玉进来便站了起来，待王夫人拉宝玉坐下后他姊弟三人才依旧坐下。整个过程中迎春没有起立行礼，这是因为她是一个性格豪爽、不拘小节的贵族小姐。

B. 文段中王夫人的语言和动作无不表现出对宝玉的极端宠爱，主要是因为另一个亲生的儿子贾珠已不在人世，她的后半生只有这承欢膝下的亲生儿子宝玉可以依靠了。

C. 原名珍珠的袭人和原名鹦哥的紫鹃都是贾母一手调教出来的大丫鬟，贾母把她们分别给了宝玉和黛玉使唤。作者曹雪芹用“贤袭人”“慧紫鹃”表达出对二人的评价和欣赏。

D. 宝玉引用的“花气袭人知昼暖”诗句源于陆游的《村居书喜》，但有一字之差，原句为“花气袭人知骤暖”，意思是当你闻到浓郁的花香时，就知道天气突然变暖和了。

E. 贾政对宝玉取“袭人”的名字先是深表不满，在王夫人让宝玉“回去改了”时又说“究竟也无碍，又何用改”，这说明封建家长贾政是一个出尔反尔、言行不一的人。

【题解】

考查对内容文意的理解。

【答案】

AE。A 因为她比宝玉年长，不需起立行礼；迎春是一个性格善良、懦弱、迟钝的贵族小姐，有“二木头”的绰号。E 不能由此推断贾政是一个出尔反尔、言行不一的人，他的态度变化源自自己内心的纠结：贾政对宝玉在诗词歌赋上的才华有一定程度的欣赏，但鉴于科举应试的需要，他认为“什么《诗经》古文，一概不用虚应故事，只是先把《四书》一气讲明背熟，是最要紧的。”（《红楼梦》第九回）

2. 在节选文段中，作者是如何将宝玉对父亲的畏惧心理表现出来的？（4 分）

【题解】

考查对艺术手法的赏析。

【答案】

示例：作者综合运用表情描写、语言描写、动作描写以及对比等多种手法来表现宝玉对父亲的“畏惧”心理。

表情描写——宝玉听了这谕，喜的无可不可；“老爷叫宝玉”，登时扫去兴头，脸上转了颜色。

语言描写——宝玉见瞒不过，只得起身回道：“因素日读诗，曾记古人有一句诗云：‘花气袭人知昼暖’。因这个丫头姓花，便随口起了这个名字。”“你可好生用心习学，再如不守分安常，你可仔细！”连连的答应了几个“是”。

动作描写——一步挪不了三寸，蹭到这边来；宝玉答应了，慢慢的退出去；向金钏儿笑着伸伸舌头，带着两个嬷嬷一溜烟去了。

对比手法——蹭到这边来；一溜烟去了。

3. 请你结合《红楼梦》整本书，简要分析贾宝玉这一文学形象。（4 分）

【题解】

考查对人物形象的分析探究。

【答案】

示例：①出身不凡，嫡派子孙。是贾氏家族寄予重望的继承人，备受贾母等众人的宠爱。②相貌俊美，聪明灵秀。如第十七回“大观园试才题对额”中的命名、对联均形神兼备，是宝玉体悟自然、聪明灵秀的表现。③尊重女性，平等待人。宝玉鄙薄自己为粗蠢浊物，赞美女儿纯洁可贵，以怡红公子自居，对女儿难能可贵的珍惜与爱护，超越阶级乃至世俗的价值观念。如第三十一回“撕扇子作千金一笑”中对丫鬟晴雯的迁就。④思想叛逆，行为“出格”。“潦倒不通世务，愚顽怕读文章。行为偏僻性乖张，那管世人诽谤”，“于国于家无望”。(《西江月》)

五、阅读《红楼梦》的两个选段，完成 1–3 题。（共 21 分）

选段一（取材于《红楼梦》第二十二回）

贾母自见宝钗来了，喜他稳重和平，正值他才过第一个生辰，便自己蠲资二十两，唤了凤姐来，交与他置酒戏。到晚间，贾母因问宝钗爱听何戏，爱吃何物等语。宝钗深知贾母年老人，喜热闹戏文，爱吃甜烂之食，便总依贾母往日素喜者说了出来。贾母更加欢悦。

这日早起，宝玉因不见林黛玉，便到他房中来寻，只见林黛玉歪在炕上。宝玉笑道："起来吃饭去，就开戏了。你爱看那一出？我好点。"林黛玉冷笑道："你既这样说，你特叫一班戏来，拣我爱的唱给我看。这会子犯不上跐着人借光儿问我。"宝玉笑道："这有什么难的。明儿就这样行，也叫他们借咱们的光儿。"一面说，一面拉起他来，携手出去。

吃了饭点戏时，贾母一定先叫宝钗点。宝钗推让一遍，无法，只得点了一折《西游记》。贾母自是欢喜，然后便命凤姐点。凤姐亦知贾母喜热闹，更喜谑笑科诨，便点了一出《刘二当衣》。贾母果真更又喜欢。

至上酒席时，贾母又命宝钗点。宝钗点了一出《鲁智深醉闹五台山》。宝玉道："只好点这些戏。"宝钗道："你白听了这几年的戏，那里知道这出戏的好处，排场又好，词藻更妙。"宝玉道："我从来怕这些热闹。"宝钗笑道："要说这一出热闹，你还算不知戏呢。你过来，我告诉你，这一出戏热闹不热闹。——是一套北《点绛唇》，铿锵顿挫，韵律不用说是好的了，只那词藻中有一支《寄生草》，填的极妙，你何曾知道。"宝玉见说的这般好，便凑近来央告："好姐姐，念与我听听。"宝钗便念道：

漫揾英雄泪，相离处士家。谢慈悲剃度在莲台下。没缘法转眼分离乍。赤条条来去无牵挂。那里讨烟蓑雨笠卷单行？一任俺芒鞋破钵随缘化！

宝玉听了，喜的拍膝画圈，称赏不已，又赞宝钗无书不知。林黛玉道："安静看戏罢，还没唱《山门》，你倒《妆疯》了。"说的湘云也笑了。于是大家看戏。

选段二（取材于《红楼梦》第四十二回）

宝钗便叫黛玉道："颦儿跟我来，有一句话问你。"进了房，宝钗便坐了笑道："你跪下，我要审你。"黛玉不解何故，因笑道："你瞧宝丫头疯了！审问我什么？"宝钗冷笑道："好个千金小姐！好个不出闺门的女孩儿！满嘴说的是什么？你只实说便罢。"黛玉不解，只管发笑，心里也不免疑惑起来，口里只说："我何曾说什么？"宝钗笑道："你还装憨儿。昨儿行酒令你说的是什么？我竟不知那里来的。"

黛玉一想，方想起来昨儿失于检点，那《牡丹亭》《西厢记》说了两句，不觉红了脸，便上来搂着宝钗，笑道："好姐姐，原是我不知道随口说的。你教给我，再不说了。"宝钗笑道："我也不知道，听你说的怪生的，所以请教你。"黛玉道："好姐姐，你别说与别人，我以后再不说了。"

宝钗见他羞得满脸飞红，满口央告，便不肯再往下追问，因拉他坐下吃茶，款款的告诉他道："你当我是谁，我也是个淘气的。从小七八岁上也够个人缠的。我们家也算是个读书人家，祖父手里也爱藏书。先时人口多，姊妹弟兄都在一处，都怕看正经书。弟兄们也有爱诗的，也有爱词的，诸如这些'西厢''琵琶'以及'元人百种'，无所不有。他们是偷背着我们看，我们却也偷背着他们看。后来大人知道了，打的打，骂的骂，烧的烧，才丢开了。所以咱们女孩儿家不认得字的倒好。男人们读书不明理，尚且不如不读书的好，何况你我。就连作诗写字等事，这不是你我分内之事，究竟也不是男人分内之事。男人们读书明理，辅国治民，这便好了。只是如今并不听见有这样的人，读了书倒更坏了。这是书误了他，可惜他也把书糟蹋了，所以竟不如耕种买卖，倒没有什么大害处。你我只该做些针黹纺织的事才是，偏又认得了字，既认得了字，不过拣那正经的看也罢了，最怕见了些杂书，移了性情，就不可救了。"一席话，说的黛玉垂头吃茶，心下暗伏，只有答应"是"的一字。

忽见素云进来说："我们奶奶请二位姑娘商议要紧的事呢。"……李纨见了他两个，笑道："社还没起，就有脱滑的了，四丫头要告一年的假呢。"黛玉笑道："都是老太太昨儿一句话，又叫他画什么园子图儿。"探春笑道："也别要怪老太太，都是刘姥姥一句话。"林黛玉忙笑道："他是那一门子的姥姥，直叫他是个'母蝗虫'就是了。"说着大家都笑起来。宝钗笑道："世上的话，到了凤丫头嘴里也就尽了。幸而凤丫头不认得字，不大通，不过一概是市俗取笑，更有颦儿这促狭嘴，他用'春秋'的法子，将市俗的粗话，撮其要，删其繁，再加润色比方出来，一句是一句。这'母蝗虫'三字，把昨儿那些形景都现出来了。亏他想的倒也快。"众人听了，都笑道："你这一注解，也就不在他两个以下。"

黛玉道："论理一年也不多。这园子盖才盖了一年，如今要画自然得二年工夫呢。又要研墨，又要蘸笔，又要铺纸，又要着颜色，又要……"刚说到这里，众人知道他是取笑惜春，便都笑问说："还要怎样？"黛玉也自己掌不住笑道："又要照着这样儿慢慢的画，可不得二年的工夫！"众人听了，都拍手笑个不住。宝钗笑道："'又要照着这个慢慢的画'，这落后一句最妙。所以昨儿那些笑话儿虽然可笑，回想是没味的。你们细想颦儿这几句话虽是淡的，回想却有滋味。我倒笑的动不得了。"

1. 下列对《红楼梦》相关内容的解说，不恰当的一项是（3 分）

A. 宝钗的哥哥薛蟠绰号"呆霸王"，仗势欺人，曾经因强买香菱闹出命案，后凭借贾府的关系赔钱了事；他行为很不检点，袭人听说宝玉挨打和他有关。

B. 宝玉很喜欢宝钗，他第一次见到宝钗时就觉得似曾相识，并跟人说"这个姐姐我曾见过的"；他挨打后心里恨薛蟠，为了不得罪宝钗，忍怒打断袭人的话。

C. 黛玉从宝玉那里得到《西厢记》，读后被深深打动；但这种描写自由爱情的作品在当时被认为是不正经的杂书，因此黛玉被宝钗发现读过此书后羞得满脸飞红。

D. 刘姥姥是贫穷的乡下人，进大观园后大开眼界，作品借此展现了贾府极尽奢侈的生活；同时她也被王熙凤和鸳鸯捉弄，出了很多洋相，被黛玉讥为"母蝗虫"。

【题解】

考查对内容文意的理解。

【答案】

B

2. 选段二中宝钗说到"昨儿那些笑话儿虽然可笑，回想是没味的"。下面的内容生动细致地描写了"昨儿"诸多人物的笑，却没有写宝钗的反应。此时宝钗会有怎样的表现呢？请根据你对以上两段选文或其他章节的理解，发挥想象，写一段文字，描写此时宝钗的行为和心理。要求：符合人物的性格特点，不少于 180 字。（10 分）

薛姨妈是吃过饭来的，不吃，只坐在一边吃茶。贾母带着宝玉、湘云、黛玉、宝钗一桌。王夫人带着迎春姊妹三个人一桌，刘姥姥傍着贾母一桌。……凤姐儿偏拣了一碗鸽子蛋放在刘姥姥桌上。贾母这边说声“请”，刘姥姥便站起身来，高声说道：“老刘，老刘，食量大似牛，吃一个老母猪不抬头。”自己却鼓着腮不语。众人先是发怔，后来一听，上上下下都哈哈的大笑起来。史湘云撑不住，一口饭都喷了出来；林黛玉笑岔了气，伏着桌子嗳哟；宝玉早滚到贾母怀里，贾母笑的搂着宝玉叫“心肝”；王夫人笑的用手指着凤姐儿，只说不出话来；薛姨妈也撑不住，口里茶喷了探春一裙子；探春手里的饭碗都合在迎春身上；惜春离了坐位，拉着他奶母叫揉一揉肠子。地下的无一个不弯腰屈背，也有躲出去蹲着笑去的，也有忍着笑上来替他姊妹换衣裳的，独有凤姐鸳鸯二人撑着，还只管让刘姥姥。

【题解】

考查发挥想象进行描写的能力。依据文本，描述人物形象的性格和心理，表现人物性格的丰富性。

【答案】

示例：宝钗见状愣了片刻，忍不住“扑哧”一笑，便拿帕子掩住嘴，又轻声一叹，心中暗想：“这刘姥姥虽不是贾府正经亲戚，毕竟也是上了岁数的人；凤丫头和鸳鸯虽说是为了给老祖宗寻开心，可如此成心捉弄，未免过分了些。况且这刘姥姥言行粗俗，不过是出尽洋相罢了，可嫌，可怜，有什么可笑的呢？”抬头见凤姐儿和鸳鸯一脸正经的样子，转眼又见众人的狼狈相，不由得莞尔。因见黛玉伏在那里，满脸通红，笑得眼泪都出来了；便站起来轻抚黛玉的后背，笑道：“颦儿，颦儿，你这真真是‘哭笑不得’了！”

3. 阅读传统文学名著的策略之一，是在把握作品反映的社会生活和情感世界的基础上，用现代观念审视作品，激发我们多角度的思考，从而丰富、深化我们对作品、社会以及人生的认识。有同学读完《红楼梦》之后感慨：当今社会的“理想女生”就应该是薛宝钗这样的。你同意这个观点吗？请联系本大题两段选文中的内容，或结合《红楼梦》其他章节的内容，谈谈你的看法。要求：所联系的内容具体，观点明确，分条写出至少两条理由。（8 分）

【题解】

考查对人物形象的分析探究。

【答案】

示例一：我同意。其一，宝钗熟习人情世故，成熟稳重，处处替人着想。比如她过生日选菜点戏，都充分考虑到贾母的爱好，这是孝顺长辈的美德。其二，宝钗乐于帮助别人。比如她知道黛玉读了杂书便好言相劝，知道邢岫烟将衣服当出去换钱，便主动帮她赎回并经常接济她。在当今社会，有些人过于强调个性和自己的权益而不注意尊重、体谅、帮助别人；和这些人相比，宝钗的美德在今天确实可贵。宝钗堪称当今社会的“理想女生”。

示例二：我不同意。其一，宝钗工于心计，善于讨好别人。比如她过生日选菜点戏，都迎合贾母的爱好，只为讨贾母的欢心，可谓阿谀奉承。其二，宝钗保守、教条，有很严重的封建思想。比如她得知黛玉读了《西厢记》，便告诉黛玉这是不合封建思想要求的杂书，并认为女子无才便是德。在当今的社会里，认为这样的人是“理想女生”实际是社会追求功利化、世俗化的反映；殊不知，真正理想的人生应该有超越世俗功利的审美的追求。

评分标准：两条理由，各 3 分，联系现实 2 分。

六、阅读《红楼梦》第三十四回“情中情因情感妹妹，错里错以错劝哥哥”（节选），完成 1–4 题。（共 18 分）

话说袭人见贾母王夫人等去后，便走来宝玉身边坐下，含泪问他：“怎么就打到这步田地？”宝玉叹气说道：“不过为那些事，问他作什么！只是下半截疼的很，你瞧瞧打坏了那里。”袭人听说，便轻轻的伸手进去，将中衣褪下。宝玉略动一动，便咬着牙叫“嗳哟”，袭人连忙停住手，如此三四次才褪了下来。

袭人看时，只见腿上半段青紫，都有四指宽的僵痕高了起来。袭人咬着牙说道：“我的娘，怎么下这般的狠手！你但凡听我一句话，也不得到这步地位。幸而没动筋骨，倘或打出个残疾来，可叫人怎么样呢！”

正说着，只听丫鬟们说：“宝姑娘来了。”袭人听见，知道穿不及中衣，便拿了一床袷纱被替宝玉盖了。只见宝钗手里托着一丸药走进来，向袭人说道："晚上把这药用酒研开，替他敷上，把那淤血的热毒散开，可以就好了。"说毕，递与袭人，又问道："这会子可好些？"宝玉一面道谢，说："好些了。"又让坐。

宝钗见他睁开眼说话，不像先时，心中也宽慰了好些，便点头叹道："早听人一句话，也不至今日。别说老太太、太太心疼，就是我们看着，心里也疼。"刚说了半句又忙咽住，自悔说的话急了，不觉的就红了脸，低下头来。宝玉听得这话如此亲切稠密，竟大有深意，忽见他又咽住不往下说，红了脸，低下头只管弄衣带，那一种娇羞怯怯，非可形容得出者，不觉心中大畅，将疼痛早丢在九霄云外，心中自思："我不过捱了几下打，他们一个个就有这些怜惜悲感之态露出，令人可玩可观，可怜可敬。假若我一时竟遭殃横死，他们还不知是何等悲感呢！既是他们这样，我便一时死了，得他们如此，一生事业纵然尽付东流，亦无足叹惜，冥冥之中若不怡然自得，亦可谓糊涂鬼祟矣。"想着，只听宝钗问袭人道："怎么好好的动了气，就打起来了？"袭人便把焙茗的话说了出来。

宝玉原来还不知道贾环的话，见袭人说出方才知道。因又拉上薛蟠，惟恐宝钗沉心，忙又止住袭人道："薛大哥哥从来不这样的，你们不可混猜度。"宝钗听说，便知道是怕他多心，用话相拦袭人，因心中暗暗想道："打的这个形象，疼还顾不过来，还是这样细心，怕得罪了人，可见在我们身上也算是用心了。你既这样用心，何不在外头大事上做工夫，老爷也欢喜了，也不能吃这样亏。但你固然怕我沉心，所以拦袭人的话，难道我就不知我的哥哥素日恣心纵欲，毫无防范的那种心性。当日为一个秦钟，还闹的天翻地覆，自然如今比先又更利害了。"想毕，因笑道："你们也不必怨这个，怨那个。据我想，到底宝兄弟素日不正，肯和那些人来往，老爷才生气。就是我哥哥说话不防头，一时说出宝兄弟来，也不是有心调唆：一则也是本来的实话，二则他原不理论这些防嫌小事。袭姑娘从小儿只见宝兄弟这么样细心的人，你何尝见过天不怕地不怕、心里有什么口里就说什么的人。"

袭人因说出薛蟠来，见宝玉拦他的话，早已明白自己说造次了，恐宝钗没意思，听宝钗如此说，更觉羞愧无言。宝玉又听宝钗这番话，一半是堂皇正大，一半是去己疑心，更觉比先畅快了。方欲说话时，只见宝钗起身说道："明儿再来看你，你好生养着罢。方才我拿了药来交给袭人，晚上敷上管保就好了。”说着便走出门去。袭人赶着送出院外，说：“姑娘倒费心了。改日宝二爷好了，亲自来谢。”宝钗回头笑道：“有什么谢处。你只劝他好生静养，别胡思乱想的就好了。要想什么吃的、玩的，你悄悄的往我那里取去，不必惊动老太太、太太众人。倘或吹到老爷耳朵里，虽然彼时不怎么样，将来对景，终是要吃亏的。”说着，一回身去了。

袭人抽身回来，心内着实感激宝钗。进来见宝玉沉思默默似睡非睡的模样，因而退出房外，自去栉沐。宝玉默默的躺在床上，无奈臀上作痛，如针挑刀挖一般，更又热如火炙，略展转时，禁不住“嗳哟”之声。那时天色将晚，因见袭人去了，却有两三个丫鬟伺候，此时并无呼唤之事，因说道：“你们且去梳洗，等我叫时再来。”众人听了，也都退出。

这里宝玉昏昏默默，只见蒋玉菡走了进来，诉说忠顺府拿他之事；又见金钏儿进来哭说为他投井之情。宝玉半梦半醒，都不在意。忽又觉有人推他，恍恍惚惚听得有人悲泣之声。宝玉从梦中惊醒，睁眼一看，不是别人，却是林黛玉。

宝玉犹恐是梦，忙又将身子欠起来，向脸上细细一认，只见两个眼睛肿的桃儿一般，满面泪光，不是黛玉，却是那个？宝玉还欲看时，怎奈下半截疼痛难忍，支持不住，便“嗳哟”一声，仍就倒下，叹了一声，说道：“你又做什么跑来！虽说太阳落下去，那地上的余热未散，走两趟又要受了暑。我虽然捱了打，并不觉疼痛。我这个样儿，只装出来哄他们，好在外头布散与老爷听，其实是假的。你不可认真。”此时林黛玉虽不是嚎啕大哭，然越是这等无声之泣，气噎喉堵，更觉得利害。听了宝玉这番话，心中虽然有万句言词，只是不能说得，半日，方抽抽噎噎的说道：“你从此可都改了罢！”宝玉听说，便长叹一声，道：“你放心，别说这样话。就便为这些人死了，也是情愿的！”

一句话未了，只见院外人说：“二奶奶来了。”林黛玉便知是凤姐来了，连忙立起身说道：“我从后院子去罢，回头再来。”宝玉一把拉住道：“这可奇了，好好的怎么怕起他来。”林黛玉急的跺脚，悄悄的说道：“你瞧瞧我的眼睛，又该他取笑开心呢。”宝玉听说赶忙的放手。黛玉三步两步转过床后，出后院而去。凤姐从前头已进来了，问宝玉：“可好些了？想什么吃，叫人往我那里取去。”接着，薛姨妈又来了。一时贾母又打发了人来。

1. 下列对作品中细节描写的赏析，不正确的一项是（3分）

A. 宝玉挨打，伤势很重，他“咬着牙”叫出声，是一种自然反应，也表现出他在强忍疼痛。

B. 袭人“咬着牙”是惊讶宝玉腿上伤势之重及贾政下手之狠，反映出她对贾政怀恨在心。

C. 宝钗自悔说话“急”了，是后悔自己未经深思熟虑，话说得多且快，流露出了真实情感。

D. 黛玉“急”得跺脚，是自己因心疼宝玉挨打哭肿了眼睛，担心被王熙凤看到而遭她取笑。

【题解】

考查对细节描写的把握。

【答案】

B。袭人对贾政的情感理解错误。

2. 像小说节选部分中“天不怕地不怕”这样通俗而生动的用语，《红楼梦》中有三百多条。下列对这类用语的解说，不正确的一项是（3分）

A.“百足之虫，死而不僵”生动形象地体现了贾府这样的贵族之家，虽已走向衰败，但在一段时间内还能维持某种兴旺繁荣的假象，也象征了整个封建末世的衰败之势。

B.“一代不如一代”，指宁、荣二公以显赫功勋创下家业，而后辈中贾敬好色、贾珍荒淫，贾赦好道、贾环卑劣。它既写出了贾府子孙的不肖，也预示了贾府最终被抄的命运。

C. 香菱在黛玉的指导下苦心学诗，众人在她写出咏月好诗后赞叹道“天下无难事，只怕有心人”。这一俗语突出了她不畏难不气馁的执着精神，也揭示了她写诗成功的原因。

D. 史湘云在芦雪庵中大嚼鹿肉时，同黛玉开玩笑说道“是真名士自风流”。湘云以超凡脱俗、风流潇洒的名士自许，显示出她率真爽朗、自然洒脱的性格特点。

【题解】

考查对俗语运用的把握以及对文本内容、人物形象的理解。

【答案】

B。人物关系及人物特点对应有误，贾敬好道，贾赦好色。

3. 根据小说节选部分的内容及前后相关情节，概述本章回目中的“情中情因情感妹妹”或“错里错以错劝哥哥”所指的故事情节。（4 分）

【题解】

考查对故事情节的把握与概括。根据节选部分的内容及前后相关情节，概述本章回目所指故事情节，任选其一概括。

【答案】

示例一：“情中情因情感妹妹”——宝玉挨打后，袭人关心他的伤情，宝钗在探伤时表示出关切之情；黛玉来探伤，对宝玉挨打心痛不已，关爱至极；宝玉因此心下记挂黛玉，之后让晴雯给黛玉送了两条旧帕。黛玉领会出宝玉送帕的深意，感动得在帕上题诗表明心意。

示例二：“错里错以错劝哥哥”——焙茗误认宝玉挨打与薛蟠有关，袭人将焙茗的话说给了宝钗；宝钗也认准宝玉挨打是哥哥挑唆，探望宝玉后就劝说哥哥“少去胡闹”。

4. 按要求完成（1）（2）小题。（8 分）

（1）结合节选部分中贾宝玉与袭人、宝钗、黛玉的对话，分析宝玉对挨打的态度。（4 分）

（2）根据节选内容概括贾宝玉的形象特点，并从《红楼梦》其他章回中举例加以说明。（4 分）

【题解】

（1）考查对人物形象情感态度的把握。结合人物对话或内心独白，加以分析。（2）考查对人物形象性格特点的把握。结合相关情节概括并说明人物形象特点。

【答案】

要点：（1）宝玉为蒋玉菡等人挨打心甘情愿；被打成重伤却满不在乎；面对惩戒及众人劝告不思悔改。

（2）贾宝玉的形象特点：①对众姐妹多情，对黛玉痴情；②厌恶仕途经济，对封建专制家长叛逆。③心思细腻，温柔体贴，为他人着想，善解人意等。

七、阅读《红楼梦》节选文字，完成 1–3 题。（共 10 分）

侍书一样预备下四分纸笔，便都悄然各自思索起来。独黛玉或抚梧桐，或看秋色，或又和丫鬟们嘲笑。迎春又令丫鬟炷了一支“梦甜香”。原来这“梦甜香”只有三寸来长，有灯草粗细，以其易烬，故以此烬为限，如香烬未成便要罚。

一时探春便先有了，自提笔写出，又改抹了一回，递与迎春。因问宝钗：“蘅芜君，你可有了？”宝钗道：“有却有了，只是不好。”宝玉背着手，在回廊上踱来踱去，因向黛玉说道：“你听，他们都有了。”黛玉道：“你别管我。”宝玉又见宝钗已誊写出来，因说道：“了不得！香只剩了一寸了，我才有了四句。”又向黛玉道：“香就完了，只管蹲在那潮地下作什么？”黛玉也不理。宝玉道：“可顾不得你了，好歹也写出来罢。”说着也走在案前写了。

李纨道：“我们要看诗了，若看完了还不交卷是必罚的。”宝玉道：“稻香老农虽不善作却善看，又最公道，你就评阅优劣，我们都服的。”众人都道：“自然。”于是，先看（一）的稿上写道是：

咏白海棠

限门盆魂痕昏为韵

斜阳寒草带重门，苔翠盈铺雨后盆。
玉是精神难比洁，雪为肌骨易销魂。
芳心一点娇无力，倩影三更月有痕。
莫谓缟仙能羽化，多情伴我咏黄昏。

次看（二）的是：

珍重芳姿昼掩门，自携手瓮灌苔盆。
胭脂洗出秋阶影，冰雪招来露砌魂。

淡极始知花更艳，愁多焉得玉无痕。

欲偿白帝凭清洁，不语婷婷日又昏。

又看（三）的是：

秋容浅淡映重门，七节攒成雪满盆。

出浴太真冰作影，捧心西子玉为魂。

晓风不散愁千点，宿雨还添泪一痕。

独倚画栏如有意，清砧怨笛送黄昏。

大家看了，宝玉说探春的好，李纨才要推宝钗这诗有身分，因又催黛玉。黛玉道："你们都有了？"说着提笔一挥而就，掷与众人。李纨等看他写道是：

半卷湘帘半掩门，碾冰为土玉为盆。

看了这句，宝玉先喝起彩来，只说："从何处想来！"又看下面道：

偷来梨蕊三分白，借得梅花一缕魂。

众人看了也都不禁叫好，说："果然比别人又是一样心肠。"又看下面道是：

月窟仙人缝缟袂，秋闺怨女拭啼痕。

娇羞默默同谁诉，倦倚西风夜已昏。

众人看了，都道是这首为上。李纨道："若论风流别致，自是这首；若论含蓄浑厚，终让蘅稿。"探春道："这评的有理，潇湘妃子当居第二。"李纨道："怡红公子是压尾，你服不服？"宝玉道："我的那首原不好了，这评的最公。"又笑道："只是蘅、潇二首还要斟酌。"李纨道："原是依我评论，不与你们相干，再有多说者必罚。"宝玉听说，只得罢了。

（节选自曹雪芹《红楼梦》第三十七回）

1. 文中（一）（二）（三）对应的分别是（2 分）

A. 宝玉　宝钗　探春

B. 探春　宝玉　宝钗

C. 探春　宝钗　宝玉

D. 宝钗　宝玉　探春

【题解】

考查对文本的记忆和理解。

【答案】

C

2.“偷来梨蕊三分白，借得梅花一缕魂”一联历来为人称道，请从手法技巧的角度进行赏析。(4 分)

【题解】

考查对艺术手法的赏析。

【答案】

“偷来梨蕊三分白，借得梅花一缕魂”一联，前句以梨花之白形容白海棠的“白”之洁净，后句再以梅花之魂赋予了白海棠孤高傲世的精神；“偷来”“借得”，巧用了拟人手法；且“偷来”一词，贬词褒用，想象新颖，灵巧别致。

3. 李纨说：“若论风流别致，自是这首；若论含蓄浑厚，终让蘅（宝钗）稿。”你是否同意？结合诗句具体分析。(4 分)

【题解】

考查对诗论评价的探究。答案具有开放性。

【答案】

示例：同意。“风流别致”，就是构思新巧，潇洒通脱；如“偷来梨蕊三分白，借得梅花一缕魂”等诗句表现黛玉潇洒、机灵、高洁、哀愁、深情的形象。“含蓄浑厚”，就是温柔敦厚，哀而不伤。如“淡极始知花更艳”等诗句表现宝钗端庄矜持、稳重平和、淡雅宁静、清洁自许的形象。宝钗的诗句借白海棠的特点写出了个人性情，物我合一，更胜一筹。

八、阅读下面《红楼梦》中的两首诗歌，完成 1–3 题。(共 9 分)

咏白海棠和韵（其一）

史湘云

神仙昨日降都门，种得蓝田玉一盆。

自是霜娥偏爱冷，非关倩女亦离魂[①]。

秋阴捧出何方雪，雨渍添来隔宿痕。

却喜诗人吟不倦，岂令寂寞度朝昏。

供 菊

史湘云

弹琴酌酒喜堪俦[②]，几案婷婷点缀幽。

隔座香分三径露，抛书人对一枝秋。

霜清纸帐来新梦，圃冷斜阳忆旧游。

傲世也因同气味，春风桃李未淹留。

注释：①倩女离魂，旧指少女为爱情而死，出自《离魂记》。②俦，同伴。

1. 下列对《咏白海棠和韵（其一）》的分析和赏析，不正确的一项是（3分）

A. 首联突兀而来，说神仙降都门，种得蓝田玉，把初见海棠的惊喜之情和盘托出。

B. 颔联用神话传奇来表现白海棠，“自是”“非关”一正一反，凸显了白海棠的神韵。

C. 颈联采用了拟人手法，“捧出何方雪”“添来隔宿痕”写出了雪后白海棠的姿态。

D. 尾联既表现了诗人对白海棠的喜爱之情，也表达出唯恐其孤独寂寞的关切之情。

【题解】

考查对内容的理解和对艺术手法的赏析。

【答案】

C。“写出了雪后白海棠的姿态”错。

2. 下列对《供菊》的理解，不正确的一项是（3分）

A. 首联：诗人弹琴饮酒，更喜同菊花为友；菊花立在案桌之上，点缀清幽。

B. 颔联：隔着座位闻到菊花散发的清幽香气；抛开书本观赏着菊花的美丽。

C. 颈联：菊花为诗人带来新的梦境；回忆起“圃冷斜阳”中的赏菊情景。

D. 尾联：诗人与菊花情趣相投，傲世独立；桃李不抵风霜，驻足于春风中。

【题解】

考查对内容文意的理解。

【答案】

D。“桃李不抵风霜，驻足于春风中”错。

3.《咏白海棠》中“倩女离魂”，《供菊》中“三径”都运用了典故。下列诗句中，没有运用典故的一项是（3分）

A. 东边日出西边雨，道是无晴却有晴（刘禹锡《竹枝词》）

B. 庄生晓梦迷蝴蝶，望帝春心托杜鹃（李商隐《锦瑟》）

C. 塞上长城空自许，镜中衰鬓已先斑（陆游《书愤》）

D. 可叹停机德，堪怜咏絮才（曹雪芹《红楼梦》）

【题解】

考查对表现手法的理解与把握。

【答案】

A

九、阅读下面文字，完成1–5题。

香菱听了，喜的拿回诗来，又苦思一回作两句诗，又舍不得杜诗，又读两首。如此茶饭无心，坐卧不定。宝钗道：“何苦自寻烦恼。都是颦儿引的你，我和他算账去。你本来呆头呆脑的，再添上这个，越发弄成个呆子了。”香菱笑道：“好姑娘，别混我。”一面说，一面作了一首，先与宝钗看。宝钗看了笑道：“这个不好，不是这个作法。你别怕臊，只管拿了给他瞧去，看他是怎么说。”香菱听了，便拿了诗找黛玉。黛玉看时，只见写道是：

月挂中天夜色寒，清光皎皎影团团。

诗人助兴常思玩，野客添愁不忍观。

翡翠楼边悬玉镜，珍珠帘外挂冰盘。

良宵何用烧银烛，晴彩辉煌映画栏。

黛玉笑道：“意思却有，只是措词不雅。皆因你看的诗少，被他缚住了。把这首丢开，再作一首，只管放开胆子去作。”

香菱听了，默默的回来，越性连房也不入，只在池边树下，或坐在山石上出神，或蹲在地下抠土，来往的人都诧异。李纨、宝钗、探春、宝玉等听得此信，都远远的站在山坡上瞧看他。只见他皱一回眉，又自己含笑一回。宝钗笑道：“这个人定要疯了！昨夜嘟嘟哝哝直闹到五更天才睡下，没一顿饭的工夫天就亮了。我就听见他起来了，忙忙碌碌梳了头就找颦儿去。一回来了，呆了一日，作了一首又不好，这会子自然另作呢。”宝玉笑道：“这正是‘地灵人杰’，老天生人再不虚赋情性的。我们成日叹说可惜他这么个人竟俗了，谁知到底有今日。可见天地至公。”宝钗笑道：“你能够像他这苦心就好了，学什么有个不成的。”宝玉不答。

只见香菱兴兴头头的又往黛玉那边去了。探春笑道：“咱们跟了去，看他有些意思没有。”说着，一齐都往潇湘馆来。只见黛玉正拿着诗和他讲究。众人因问黛玉作的如何。黛玉道：“自然算难为他了，只是还不好。这一首过于穿凿了，还得另作。”众人因要诗看时，只见作道：

非银非水映窗寒，试看晴空护玉盘。

淡淡梅花香欲染，丝丝柳带露初干。

只疑残粉涂金砌，恍若轻霜抹玉栏。

梦醒西楼人迹绝，余容犹可隔帘看。

宝钗笑道：“不像吟月了，月字底下添一个‘色’字倒还使得，你看句句倒是月色。这也罢了，原来诗从胡说来，再迟几天就好了。”香菱自为这首妙绝，听如此说，自己扫了兴，不肯丢开手，便要思索起来。因见他姊妹们说笑，便自己走至阶前竹下闲步，挖心搜胆，耳不旁听，目不别视。一时探春隔窗笑说道：“菱姑娘，你闲闲罢。”香菱怔怔答道：“‘闲’字是十五删的，你错了韵了。”众人听了，不觉大笑起来。宝钗道：“可真是诗魔了。都是颦儿引的他！”黛玉道：“圣人说，‘诲人不倦’，他又来问我，我岂有不说之理。”李纨笑道：“咱们拉了他往四姑娘房里去，引他瞧瞧画儿，叫他醒一醒才好。”

说着，真个出来拉了他过藕香榭，至暖香坞中。惜春正乏倦，在床上歪着睡午觉，画缯立在壁间，用纱罩着。众人唤醒了惜春，揭纱看时，十停方有了三停。香菱见画上有几个美人，因指着笑道：“这一个是我们姑娘，那一个是林姑娘。”探春笑道：“凡会作诗的都画在上头，快学罢。”说着，顽笑了一回。

各自散后，香菱满心中还是想诗。至晚间对灯出了一回神，至三更以后上床卧下，两眼鳏鳏，直到五更方才朦胧睡去了。一时天亮，宝钗醒了，听了一听，他安稳睡了，心下想：“他翻腾了一夜，不知可作成了？这会子乏了，且别叫他。”正想着，只听香菱从梦中笑道：“可是有了，难道这一首还不好？”宝钗听了，又是可叹，又是可笑，连忙唤醒了他，问他：“得了什么？你这诚心都通了仙了。学不成诗，还弄出病来呢。”一面说，一面梳洗了，会同姊妹往贾母处来。原来香菱苦志学诗，精血诚聚，日间做不出，忽于梦中得了八句。梳洗已毕，便忙录出来，自己并不知好歹，便拿来又找黛玉。刚到沁芳亭，只见李纨与众姊妹方从王夫人处回来，宝钗正告诉他们说他梦中作诗说梦话。众人正笑，抬头见他来了，便都争着要诗看。

（节选自曹雪芹《红楼梦》第四十八回）

1. 黛玉对香菱所写的前两首诗，给的“评语”分别是“措词不雅”和“过于穿凿”，请结合你对这两首诗的理解，说说它们的“措词不雅”和“过于穿凿”分别表现在哪里。

【题解】

考查对艺术表现的评判。

【答案】

“措词不雅”主要针对“诗人助兴常思玩，野客添愁不忍观”两句。“常思玩”三字选语太硬，太俗太露。

“过于穿凿”主要指“颔”“颈”两联，这几句翻来覆去就是一个内容——月色很美，实际上意思单一，牵强附会。

2. 香菱所写的前两首诗“措词不雅”和“过于穿凿”的根本原因是什么？这对我们学习写作有什么启示？

【题解】

考查审美鉴赏能力，谈体验和感悟。

【答案】

没有把自己放到诗中去，为写诗而写诗，缺乏真情实感，没有新意。这就给了我们一个启示：写作最需要的是真情实感。

3. 香菱从向黛玉请教，到三易其诗，最终梦中得诗。这一过程，反映了治学要经历的三个阶段，验证了古人所说的治学的三个境界。请用直线把这三个“境界”与所属的“阶段”连接起来。

①衣带渐宽终不悔，为伊消得人憔悴	A. 顿悟阶段
②昨夜西风凋碧树，独上高楼，望尽天涯路	B. 玄想阶段
③众里寻他千百度，蓦然回首，那人却在，灯火阑珊处	C. 苦索阶段

【题解】

考查对故事情节的理解，以及知识迁移能力。

【答案】

①— C　②— B　③— A

4. 宝钗说香菱“本来呆头呆脑的”“这个人定要疯了”，黛玉却说香菱是“一个极聪敏伶俐的人”，两人的看法是否矛盾？为什么？

【题解】

考查对人物评价的分析探究。

【答案】

不矛盾。宝钗所说的几句话是对香菱学诗专注精神、痴迷入神形象的“戏评”，与黛玉对香菱的好评实质是一样的。

5.“香菱学诗”这节文字节选自《红楼梦》第四十八回，小说中这一回的回目标题是“慕雅女雅集苦吟诗”，有编者选作课文时改用“香菱学诗”，请你结合阅读感受，说说这两个标题哪个更好。谈谈你的理由。

【题解】

考查对拟题效果的探究。可从内容、情感、主旨、效果等方面入手。

【答案】

示例一：原著回目标题更好。理由：能看出香菱的精神追求；能表现香菱的执着刻苦精神；用词典雅，易引起读者的阅读兴趣。

示例二：“香菱学诗”标题更好。理由：抓住问题的核心，叙述主题集中；用语直白，语言简洁，易读易记。

十、阅读下面《红楼梦》选文，完成1–5题。（共22分）

平儿进入厅中，他姊妹三人正议论些家务，说的便是年内赖大家请吃酒，他家花园中事故。见他来了，探春便命他脚踏上坐了，因说道：“我想的事不为别的，因想着我们一月有二两月银外，丫头们又另有月钱。前儿又有人回，要我们一月所用的头油脂粉，每人又是二两。这又同才刚学里的八两一样，重重叠叠，事虽小，钱有限，看起来也不妥当。你奶奶怎么就没想到这个？”

平儿笑道：“这有个原故：姑娘们所用的这些东西，自然是该有分例。每月买办买了，令女人们各房交与我们收管，不过预备姑娘们使用就罢了，没有一个我们天天各人拿钱找人买头油又是脂粉去的理。所以外头买办总领了去，按月使女人按房交与我们的。姑娘们的每月这二两，原不是为买这些的，原为的是一时当家的奶奶太太或不在，或不得闲，姑娘们偶然一时可巧要几个钱使，省得找人去。这原是恐怕姑娘们受委屈，可知这个钱并不是买这个才有的。如今我冷眼看着，各房里的我们的姊妹都是现拿钱买这些东西的，竟有一半。我就疑惑，不是买办脱了空，迟些日子，就是买的不是正经货，弄些使不得的东西来搪塞。”

探春李纨都笑道：“你也留心看出来了。脱空是没有的，也不敢，只是迟些日子；催急了，不知那里弄些来，不过是个名儿，其实使不得，依然得现买。就用这二两银子，另叫别人的奶妈子的或是弟兄哥哥的儿子买了来才使得。若使了官中的人，依然是那一样的。不知他们是什么法子，是铺子里坏了不要的，他们都弄了来，单预备给我们？”平儿笑道：“买办买的是那样的，他买了好的来，买办岂肯和他善开交，又说他使坏心要夺这买办了。所以他们也只得如此，宁可得罪了里头，不肯得罪了外头办事的人。姑娘们只能可使奶妈妈们，他们也就不敢闲话了。”

探春道：“因此我心中不自在。钱费两起，东西又白丢一半，通算起来，反费了两折子，不如竟把买办的每月蠲了为是。此是一件事。第二件，年里往赖大家去，你也去的，你看他那小园子比咱们这个如何？”平儿笑道：“还没有咱们这一半大，树木花草也少多了。”探春道：“我因和他家女儿说闲话儿，谁知那么个园子，除他们带的花、吃的笋菜鱼虾之外，一年还有人包了去，年终足有二百两银子剩。从那日我才知道，一个破荷叶，一根枯草根子，都是值钱的。咱们这园子只算比他们的多一半，加一倍算，一年就有四百银子的利息。若此时也出脱生发银子，自然小器，不是咱们这样人家的事。若派出两个一定的人来，既有许多值钱之物，一味任人作践，也似乎暴殄天物。不如在园子里所有的老妈妈中，拣出几个本分老诚能知园圃的事的，派准他们收拾料理，也不必要他们交租纳税，只问他们一年可以孝敬些什么。一则园子有专定之人修理，花木自有一年好似一年的，也不用临时忙乱；二则也不至作践，白辜负了东西；三则老妈妈们也可借此小补，不枉年日在园中辛苦；四则亦可以省了这些花儿匠山子匠打扫人等的工费。将此有余，以补不足，未为不可。”

宝钗正在地下看壁上的字画，听如此说一则，便点一回头，说完，便笑道：“善哉，三年之内无饥馑矣！”李纨笑道：“好主意。这果一行，太太必喜欢。省钱事小，第一有人打扫，专司其职，又许他们去卖钱。使之以权，动之以利，再无不尽职的了。”平儿道：“这件事须得姑娘说出来。我们奶奶虽有此心，也未必好出口。此刻姑娘们在园里住着，不能多弄些玩意儿去陪衬，反叫人去监管修理，图省钱，这话断不好出口。”

宝钗忙走过来，摸着他的脸笑道：“你张开嘴，我瞧瞧你的牙齿舌头是什么作的。从早起来到这会子，你说这些话，一套一个样子，也不奉承三姑娘，也没见你说奶奶才短想不到，也并没有三姑娘说一句，你就说一句是，横竖三姑娘一套话出，你就有一套话进去，总是三姑娘想的到的，你奶奶也想到了，只是必有个不可办的原故。这会子又是因姑娘住的园子，不好因省钱令人去监管。你们想想这话，若果真交与人弄钱去的，那人自然是一枝花也不许掐，一个果子也不许动了，姑娘们分中自然不敢，天天与小姑娘们就吵不清。他这远愁近虑，不亢不卑。他奶奶便不是和咱们好，听他这一番话，也必要自愧的变好了，不和也变和了。”

探春笑道：“我早起一肚子气，听他来了，忽然想起他主子来，素日当家使出来的好撒野的人，我见了他便生了气。谁知他来了，避猫鼠儿似的站了半日，怪可怜的。接着又说了那么些话，不说他主子待我好，倒说‘不枉姑娘待我们奶奶素日的情意了。’这一句，不但没了气，我倒愧了，又伤起心来。我细想，我一个女孩儿家，自己还闹得没人疼没人顾的，我那里还有好处去待人。”口内说到这里，不免又流下泪来。

李纨等见他说的恳切，又想他素日赵姨娘每生诽谤，在王夫人跟前亦为赵姨娘所累，亦都不免流下泪来，都忙劝道：“趁今日清净，大家商议两件兴利剔弊的事，也不枉太太委托一场。又提这没要紧的事做什么？”平儿忙道：“我已明白了。姑娘竟说谁好，竟一派人就完了。”探春道：“虽如此说，也须得回你奶奶一声。我们这里搜剔小遗，已经不当，皆因你奶奶是个明白人，我才这样行，若是糊涂多蛊多妒的，我也不肯，倒像抓他乖一般。岂可不商议了行。”平儿笑道：“既这样，我去告诉一声。”说着去了，半日方回来，笑说：“我说是白走一趟，这样好事，奶奶岂有不依的。”

（节选自《红楼梦》（庚辰本）第五十六回）

1. 下列对选文内容及《红楼梦》中与之相关的其他内容的理解，不正确的一项是（3分）

A. 因王熙凤患病需要长时间治疗调养，王夫人暂让李纨、探春二人协理荣国府琐碎之事，后又因园中人多，恐失于管理，特请薛宝钗参与理家。

B. 选文中“这又同才刚学里的八两一样”一句所写的“才刚学里的八两”，指探春在理家过程中所免除的宝玉、贾环、贾兰等三人的学堂公费。

C. 选文叙写探春理家之事，形象鲜明；之后的“抄检大观园”情节又展示了探春面对王熙凤、王善保家的搜检能委曲求全，拥有顾全大局的胸怀。

D. 从探春理家前的“宁国府除夕祭宗祠”情节可知，贾府过年依然讲究排场，但从贾珍、贾蓉与来进贡的乌庄头的交谈中已透露贾府经济的窘迫。

【题解】

考查对内容文意的理解。

【答案】

C。“能委曲求全，拥有顾全大局的胸怀”错，文中探春积极应对，敢于斗争。

2. 下列对选文中写到的人物及其与他人关系的表述，不正确的一项是（3 分）

A. 李纨：字宫裁，金陵名宦之女，金陵十二钗之一，其别号为“稻香老农”；贾政长子贾珠的妻子，贾兰的亲生母亲。

B. 贾探春：金陵十二钗之一，成立“海棠诗社”，自号“蕉下客”；比同辈份的贾迎春、贾惜春年龄小，在贾府通称“三姑娘”。

C. 王夫人：荣国府掌权管事的家长之一；二老爷贾政的妻子，贾元春、贾珠、贾宝玉的母亲，王熙凤的姑母，薛宝钗的姨母。

D. 王熙凤：金陵十二钗之一，贾府通称凤姐、琏二奶奶；贾母的孙媳妇，贾赦与邢夫人的儿媳妇，贾琏的妻子，巧姐的母亲。

【题解】

考查对人物关系的把握。

【答案】

B。探春比惜春年龄大。

3. 从选文看，平儿是怎样的一个人？请结合相关内容简要分析。（6 分）

【题解】

考查对人物形象的评价。结合相关内容（事例），分析人物的性格特点。

【答案】

示例：①作为凤姐的心腹大丫头，平儿善于维护凤姐的形象和尊严，为凤姐争脸。如“这件事须得姑娘说出来。我们奶奶虽有此心，也未必好出口”等语句就充分体现了这一性格特点。（结合平儿与探春的对话分析）（3 分）②平儿辞令巧妙。如：“不枉姑娘待我们奶奶素日的情意了。”“你张开嘴，我瞧瞧你的舌头是什么作的……”等语句就说明了这一性格特点。（结合平儿与探春相关对话，宝钗的相关评价分析）（3 分）③精明细致。“如今我冷眼看着，各房里的我们的姊妹都是现拿钱买这些东西的，竟有一半”等语句就充分体现了这一性格特点。（结合平儿与探春对话分析）（3 分）

评分标准：“性格特点”1 分，“结合事例分析”2 分。答 2 个要点即给满分。意思对即可。

4. 文中画线句写探春“不免又流下泪来”，结合选文内容及《红楼梦》其他相关内容，说说探春流泪的主要原因。（4 分）

【题解】

考查对人物情感原因的探讨。

【答案】

示例：①探春内心的隐痛在于，因为其庶出的地位，没有几人拿她当贾府的小姐看，当探春听了平儿的话，不免感叹平儿的情义，伤心落泪。（2 分）②庶出的地位现实使她苦恼、逃避、挣扎，而庶母赵姨娘生性糊涂，素日惹是生非，借女儿理家之机生事闹事，令探春难堪，因自身没人疼没人顾，伤心落泪。（2 分）

5. 读者普遍认为，王夫人为料理家务所挑选的李纨、贾探春和薛宝钗三人可谓最佳搭档。请从人物身份、性格等方面，结合选文内容及《红楼梦》其他相关内容，说说你对这种看法的理解。（6 分）

【题解】

考查对读者观点态度的评价。可从人物的身份、性格、能力等方面分析。

【答案】

示例：①李纨是贾政长子贾珠的妻子，就其身份来说是理家的最佳人选；但就其性格来讲，“尚德不尚才”，宽厚善良，却往往管不了下人。（2 分）

②而探春虽为贾府小姐，实为庶出，又是未出阁的姑娘，就其身份来讲，不如李纨正统；但探春“才自精明志自高”，机敏聪慧，秉性刚强，富有才干，就其性格和能力来讲，适合理家。（2分）③薛宝钗作为荣国府的亲戚，作为一个未出阁的小姐，就其身份来讲，参与理家不妥；但其富有理性，思虑周密，能够“施小惠全大体”。（2分）这样“贤”宝钗与“敏”探春互补，共同与长嫂李纨密切合作，成为协理荣国府的最佳搭档。

评分标准：“结合身份分析”1分，“结合性格或能力分析”1分，共6分。意思对即可。

高考真题

高考真题是风向标。研究有关《红楼梦》的高考真题，对提高阅读效率，加强有效备考有着极为重要的意义。

对《红楼梦》的考查，不论是前些年各省单独命题，还是现今统一命题，都曾有涉及。据有限的见闻，江苏卷考查较早且时间最长，湖北卷、福建卷有过考查，北京卷近几年一直将《红楼梦》作为重点内容考查，全国卷也偶有考查。这不是一个偶然现象。这既与《普通高中语文课程标准》(2017 年版 2020 年修订)“应完成一部长篇小说和一部学术著作的阅读”导向相吻合，也是对当下“快餐式”“浅表化”“碎片化”阅读的反驳。本书辑录了北京卷、江苏卷、全国卷的部分高考真题，若细心研究，反复揣摩，必将受益匪浅。

北京卷

1.（2014高考北京卷）“月”是中国古典文学中常见的意象，本题与“月”的意象相关。《红楼梦》中，两位才女中秋月下联诗，其中一位被称作“多病西施”，她所吟的“冷月葬花魂”诗句，正是其诗意而悲剧的人生的写照。此才女是（2分）

A. 史湘云　　B. 林黛玉　　C. 薛宝钗　　D. 妙玉

【题解】

本题考查记忆以及对人物形象的把握能力。

【答案】

B。结合黛玉的人物形象特点以及前文的“黛玉葬花”情节，得出结论。

2.（2017高考北京卷）请从《红楼梦》中的林黛玉、薛宝钗、史湘云、香菱之中选择一人，用一种花来比喻她，并简要陈述这样比喻的理由。要求：依据原著，自圆其说。180字左右。（10分）

【题解】

本题考查对人物形象的把握能力以及语言综合表达能力。解答此题，考生首先要熟悉这几个人物的性格特点，然后选一种比较熟悉的花来比喻其中的某一个人，简述理由时主要从人物的性格特点和花的相似性角度来分析，以说理为主。

【答案】

示例：我认为用白莲来形容林黛玉最为合适。林黛玉寄居在安富尊荣的贾府，遍览姹紫嫣红，却仍独爱那片高洁的潇湘竹，恰如一朵洁白清雅的白莲。她芳姿翩然，才思敏捷，如白莲般香远益清。她惜花葬花，为花立冢，不同流俗，如白莲般出淤泥而不染，洁净天然。她与宝玉木石前盟，真情缱绻，共读《西厢记》，二人相知相爱，如白莲之藕断而丝连，坚韧而高洁，映水涟涟。林黛玉这朵白莲永远芬芳四溢。

3.（2018 高考北京卷）从《红楼梦》《呐喊》《平凡的世界》中选择一个既可悲又可叹的人物，简述这个人物形象。要求：符合原著故事情节。150—200 字。（10 分）

【题解】

本题考查对人物形象的把握能力以及语言综合表达能力。解答此题，考生首先要确定一个可悲可叹的人物，然后在符合原著故事情节的前提下，简述这一人物形象。

【答案】

示例：晴雯，你真是个可悲可叹的人物。你耿直高傲，连探宝玉的黛玉都吃了闭门羹；你嫉恨趋炎附势，看到小红另攀高枝，你痛声骂人；你骄傲任性，甚至以撕扇来消气；你心灵手巧，病补雀金裘，为宝玉解了燃眉之急；你是一块爆炭，对偷盗的坠儿没有丝毫的容忍；你不畏权势，当众把王善保家的痛骂一顿。你既光明磊落又辛辣刻薄，难免招人怨；可你真实洒脱活出了真我，淋漓尽致地展现了自己的真性情。我惋惜你的悲惨结局，更佩服你的磊落与勇敢！

4.（2019 高考北京卷）在《边城》《红楼梦》中，谁是“心清如水”的人？写一首诗或一段抒情文字赞美他（她）。要求：写出赞美对象的姓名和特点，不超过 150 字。（10 分）

【题解】

本题考查对人物形象的把握能力以及语言综合表达能力。本题为抒情类微写作，解答此题，首先要从两部名著中确定一个“心清如水”的人，有明确的人物姓名，明确的人物性格，然后对人物形象进行直抒胸臆式的赞美，要恰如其分。

【答案】

示例：林黛玉。步步留心，时时在意，你是荣国府里寄人篱下的孤女；似娇花照水，如弱柳扶风，你是宝玉眼中美如西子的仙女；鄙弃功名利禄，崇尚个性自由，你是大观园里最懂宝玉的红颜知己；心中藏书卷，笔下自生花，你在诗酒欢宴时的诗句常常语惊四座；爱花惜花落，葬花人笑痴，你在《葬花吟》里留下“质本洁来还洁去”的灵魂之歌。黛玉，你是心清如水的女子。

5.（2020 北京适应性测试）“寒塘渡鹤影，冷月葬诗魂”两句联诗出自《红楼梦》第七十六回“凸碧堂品笛感凄清，凹晶馆联诗悲寂寞”，是姊妹几人在凹晶馆赏月时即景吟出的。湘云认为“冷月葬诗魂”一句“诗固新奇，只是太颓丧了些”。

“冷月葬诗魂”一句隐含着小说中诗作者怎样的身世和命运？请根据原著进行简要分析。（4 分）

【题解】

本题考查对经典名著中人物形象的把握能力。解答此题，要从黛玉的身世经历以及审美情趣入手进行体察，从而把握其悲剧性的人生命运。

【答案】

身世：“冷月”寂寞而凄冷，象征着黛玉内心孤苦、身世凄凉，在原著中，黛玉父母双亡，寄身贾府，确实孤苦、凄凉。

命运：“葬诗魂”，意味着林黛玉最终香消玉殒，寂寞而亡。

6.（2020 高考北京卷）《红楼梦》第五回中晴雯的判词是：

霁月难逢，彩云易散。心比天高，身为下贱。风流灵巧招人怨。寿夭多因毁谤生，多情公子空牵念。

请从判词的画线部分选择三处，各举出原著中的一个具体情节加以印证。（5 分）

【题解】

本题考查对经典名著中人物形象的把握能力。解答此题，需要明确“心比天高”“灵巧”是对晴雯人物形象的评价；“毁谤生”是晴雯的不幸遭遇，“多情公子空牵念”是晴雯死后宝玉写祭文之事。结合《红楼梦》的目录和情节，写出相关事例即可。

【答案】

①心比天高：晴雯撕扇、笑骂秋纹。

②灵巧：晴雯病补雀金裘。

③毁谤生：王善保家的毁谤晴雯，王夫人下令抄检大观园。

④多情公子空牵念：晴雯死后宝玉写《芙蓉女儿诔》。

7.（2021 高考北京卷）根据要求，回答问题。（6 分）

《红楼梦》第十三回，秦可卿去世前向王熙凤托梦，说道：

若目今以为荣华不绝，不思后日，终非长策。眼见不日又有一件非常喜事，真是烈火烹油、鲜花着锦之盛。要知道，也不过是瞬息的繁华，一时的欢乐，万不可忘了那“盛筵必散”的俗语。……我与婶子好了一场，临别赠你两句话，须要记着：三春去后诸芳尽，各自须寻各自门。

（1）这里说的“非常喜事”在小说中指什么？（2 分）

（2）画线的部分与小说后续情节有何关系？请结合原著，举例说明。（4 分）

【题解】

（1）本题考查对经典名著基本内容的把握能力。这段话出自《红楼梦》第十三回，是秦可卿临终托梦给王熙凤所说的话。“非常喜事”是指贾元春晋封为妃，皇帝恩准元春省亲。

（2）本题考查对经典名著基本内容以及情节的整体把握能力。这句话是秦可卿临终时给王熙凤的提醒，暗示贾府盛极必衰的命运。

【答案】

（1）元妃省亲（贾元春才选凤藻宫）。

（2）是小说后续情节发展的暗示，暗示了青春少女的红颜薄命以及封建家族走向崩溃的悲剧。例如小说写林黛玉泪尽而亡、贾府最后被抄家等。

8.（2022 高考北京卷）根据要求，回答问题。（10 分）

《红楼梦》甲戌本第一回开头，作者自道书名说：

（空空道人）因空见色，由色生情，传情入色，自色悟空，遂易名为情僧，改《石头记》为《情僧录》。至吴玉峰题曰《红楼梦》。东鲁孔梅溪则题曰《风月宝鉴》。后因曹雪芹于悼红轩中披阅十载，增删五次，纂成目录，分出章回，则题曰《金陵十二钗》，并题一绝云：“满纸荒唐言，一把辛酸泪。都云作者痴，谁解其中味。”

（1）除了《红楼梦》外，这里还提到了小说另外四个书名。请从中任选

三个，解释这些书名和作品内容有何关联。（6分）

（2）小说第五回中，贾宝玉神游太虚幻境时听到的仙乐套曲就叫《红楼梦》。今天的通行本也多以《红楼梦》为书名。结合作品内容，谈谈《红楼梦》作为书名的合理性。（4分）

【题解】

（1）本题考查对经典名著基本内容的把握能力。每一种命名都是基于文本内容的提炼与概括，都有其一定的关联。本题的阅读导向进一步表明，认真研读前五回对进行《红楼梦》整本书的阅读具有不可忽视的重要性。

（2）本题考查对经典名著基本内容的整体把握与探究能力。解答此题，可从作品的写作内容、象征意义、主旨情感以及作者的人生体验等角度进行探究，把握《红楼梦》这一命名的合理性、恰切性。基本思路是：首先解释“红楼”的含义，明确“红楼”涵盖了书中的主要内容和主要人物；其次对“梦”进行探究，明确“梦”是“本书主旨”所在。最后对书名的整体性把握，明确书名是对小说主旨的整体概括与揭示。

【答案】

（1）示例：

以《石头记》为名，是因为全书写了石头记录的自己红尘历劫的故事。

以《情僧录》为名，是由于书中人物因情而参透世相，有助人解脱苦恼之意。

以《风月宝鉴》为名，因其是小说中出现的道具，有规劝人去淫向善之意。

以《金陵十二钗》为名，因“十二钗”是小说主要人物，凸显“为闺阁立传”之意。

（2）要点：

①“红楼”既可以象征富贵官宦之家，又可以象征闺阁。

②“梦”象征了作者人生如梦的幻灭感。

③书名中的温柔富贵与梦幻泡影，是对全书贵族家庭之衰亡与红颜薄命之悲剧的整体概括。

江苏卷

1.（2008 高考江苏卷）请说说金玉良缘和木石前盟的含义。（5 分）

【题解】

本题考查对经典名著基本内容的把握能力。

【答案】

“金玉良缘”指薛宝钗有金锁，贾宝玉有宝玉，两人应结成姻缘。“木石前盟”指林黛玉前生为绛珠仙草，贾宝玉前生为神瑛侍者，二者有恩有义，今世应结成姻缘。

2.（2009 高考江苏卷）概括说说《红楼梦》“冷子兴演说荣国府”的主要内容。（6 分）

【题解】

本题考查对经典名著重要情节及其基本内容的把握能力。

【答案】

①介绍主要人物贾宝玉的特点。②大致介绍了宁荣二府的主要家庭成员的情况。③点明了贾府现时萧条的光景和面临的危机，透露出这样一个钟鸣鼎食之家，如今的儿孙竟一代不如一代了。

3.（2010 高考江苏卷）以下判断是否正确：《红楼梦》中贾宝玉梦游太虚幻境所见判词：“子系中山狼，得志便猖狂。金闺花柳质，一载赴黄粱。”其中暗示了迎春的悲惨命运。（原题共 5 分）

【题解】

本题考查对经典名著中人物形象的把握能力。

【答案】

正确。书中写迎春由贾赦做主，嫁给了一个大同府人氏，祖上系军官出身，现袭指挥之职的孙绍祖。此人绰号“中山狼”，是个骄奢淫逸、作践妇女的虐待狂。可怜迎春这个金闺小姐在他的折磨之下只一年时间就香消玉殒了。

4.（2011 高考江苏卷）《红楼梦》判词：“枉自温柔和顺，空云似桂如兰。堪羡优伶有福，谁知公子无缘。”判词所指是谁？“优伶”和“公子”指小说中的哪两个人物？（4 分）

【题解】

本题考查对经典名著中人物形象的把握能力。

【答案】

袭人（花袭人）；蒋玉菡、贾宝玉。

5.（2012 高考江苏卷）“若问渠侬多少恨，数完庭榭堕飘花。一声你好香消散，别院笙箫月影斜。”这首诗末两句写了《红楼梦》中哪两件事？前一件事发生在大观园中的什么地方？（4 分）

【题解】

本题考查对经典名著重要情节的把握能力。

【答案】

黛玉辞世；宝玉、宝钗成亲；潇湘馆。

6.（2013 高考江苏卷）《红楼梦》中，抄检大观园时，在入画的箱子里寻出一大包金银锞子、一副玉带板子和一包男人的靴袜等物；在司棋的箱子里发现一双男子的锦带袜、一双缎鞋和一个小包袱，包袱里有一个同心如意和她表弟潘又安写的大红双喜笺。

入画和司棋分别是谁的丫鬟？在处置入画和赶走司棋时，她们的主子各是什么态度？（6 分）

【题解】

本题考查对经典名著中人物形象的把握能力。

【答案】

惜春、迎春。

惜春的态度是“立逼凤姐带了去”，“或打或杀或卖”，“一概不管”；迎春的态度是“含泪”劝司棋离开。

7.（2014 高考江苏卷）在《红楼梦》不同的版本中，凹晶馆联诗一回，黛玉的名句，一为“冷月葬花魂”，一为“冷月葬诗魂”。请从小说情节和主题两个方面，分别说明“葬花魂”与“葬诗魂”的依据。（6 分）

【题解】

本题考查对经典名著中重要情节以及小说主题的把握能力。

【答案】

“葬花魂”的依据：小说中有黛玉葬花的重要情节；表达女性精神在一个时代的毁灭。

“葬诗魂”的依据：小说中多有黛玉吟诗的情节；表达对诗意消亡的哀悼。

8.（2015 高考江苏卷）在《红楼梦》第四十回“史太君两宴大观园，金鸳鸯三宣牙牌令”中，鸳鸯说：“天天咱们说，外头老爷们吃酒吃饭，都有一个篾片相公，拿他取笑儿。咱们今儿也得了一个女篾片了。”鸳鸯她们要取笑的“女篾片”指谁？请结合本回情节，归纳她的性格特征。（5 分）

【题解】

本题考查对经典名著中人物形象的把握能力。

【答案】

刘姥姥。朴实善良，善解人意；老于世故，精明狡黠；幽默风趣，性格诙谐；顺从讨好，偶有反抗。

9.（2016 高考江苏卷）《红楼梦》“大观园试才题对额，荣国府归省庆元宵”回目中，贾政称宝玉为“无知的孽障”，“手足眈眈小动唇舌，不肖种种大承笞挞”一回中，又称之为“不肖的孽障”。请结合相关情节，说明这两处的“孽障”分别表达了贾政对宝玉什么样的感情。（6 分）

【题解】

本题考查对经典名著人物形象的情感态度的把握能力。

【答案】

“元妃省亲”前，贾政带着宝玉给各个景点题匾额、对联，宝玉文思泉涌，贾政称其为“孽障”，表面上是责怪，实际上是欣赏；“宝玉挨打”中，贾政认为宝玉在外流荡优伶，在家淫辱母婢、荒疏学业，斥之为“孽障”，表达了强烈的痛惜之情。

10.（2017 高考江苏卷）《红楼梦》第四十五回“金兰契互剖金兰语，风雨夕闷制风雨词”中，黛玉对宝钗说：“我最是个多心的人，只当你心里藏奸……往日竟是我错了，实在误到如今。”请说明黛玉对宝钗的认识发生变化的原因。（6 分）

【题解】

本题考查对经典名著中人物形象的行为以及事情的起因结果的把握能力。

【答案】

黛玉在行酒令时“失于检点”，宝钗私下提醒；宝钗教导黛玉要做女性“分内的事”，“看杂书不好”；宝钗关心黛玉的身体健康。

11.（2018 高考江苏卷）《红楼梦》“散馀资贾母明大义，复世职政老沐天恩”一回中，贾母得知府中库藏已空、入不敷出的实情后，将自己多年的积蓄拿出来，以渡难关。请结合这一情节，分析贾母的形象特点。（6 分）

【题解】

本题考查对经典名著中人物形象的把握能力。

【答案】

贾母：处变不惊，性格坚强；处置果断，能力出众；分配得当，处事公平；轻财重义，顾全大局。

12.（2019 高考江苏卷）《红楼梦》“寿怡红群芳开夜宴，死金丹独艳理亲

丧”一回中，群芳行令，宝钗摇得牡丹签，上云“任是无情也动人”。请结合小说概括宝钗的“动人”之处。（6 分）

【题解】

本题考查对经典名著中人物形象的把握能力。

【答案】

容貌艳丽，行止娴静；才能出众，处事得体；善解人意，关怀他人。

13.（2020 高考江苏卷）《红楼梦》第五十回“芦雪庵争联即景诗，暖香坞雅制春灯谜”中，众人联句，起句为王熙凤所作，她说，“你们别笑话我，我只有一句粗话”，“就是‘一夜北风紧’”。请结合这句诗，简析王熙凤的形象。（6 分）

【题解】

本题考查对经典名著中人物形象的把握能力。

【答案】

诗句浅白，表明其学识浅薄；有一定领导才能；诗句意境肃杀，其心怀忧惧。

全国卷

（2022 高考全国甲卷）阅读下面的材料，根据要求写作。（60 分）

《红楼梦》写到“大观园试才题对额”时有一个情节，为元妃（贾元春）省亲修建的大观园竣工后，众人给园中桥上亭子的匾额题名。有人主张从欧阳修《醉翁亭记》“有亭翼然”一句中，取“翼然”二字；贾政认为“此亭压水而成”，题名“还须偏于水”，主张从“泻出于两峰之间”中拈出一个“泻”字，有人即附和题为“泻玉”；贾宝玉则觉得用“沁芳”更为新雅，贾政点头默许。“沁芳”二字，点出了花木映水的佳境，不落俗套；也契合元妃省亲之事，蕴藉含蓄，思虑周全。

以上材料中，众人给匾额题名，或直接移用，或借鉴化用，或根据情境独创，产生了不同的艺术效果。这个现象也能在更广泛的领域给人以启示，引发深入思考。请你结合自己的学习和生活经验，写一篇文章。

要求：选准角度，确定立意，明确文体，自拟标题；不要套作，不得抄袭；不得泄露个人信息；不少于 800 字。

【题解】

本题考查写作能力。这个题目涉及语料、引导语和要求三部分。语料给的是经典名著《红楼梦》的一段情节。考生如果对《红楼梦》很熟悉，能准确解读，这对写作是很重要的。如果不够熟悉，也不必慌乱，聚集语料完全能把握得住内容。何况，《红楼梦》的情节再现，只不过是设置一个情境，引出话题，它只是写作的一个由头。（尽管如此，对《红楼梦》整本书的阅读仍是部编语文教材一个单元的教学内容，理应深入研读。）

引导语“众人给匾额题名，或直接移用，或借鉴化用，或根据情境独创，产生了不同的艺术效果”，对其聚焦，可以初步确立审题立意的方向，即《红楼梦》的情节在讲述语言运用之道，有移用、化用、独创三种，并且强调了独创的独特审美效果。“这个现象也能在更广泛的领域给人以启示，引发深入思考”，则由语言运用方面扩展到“更广泛的领域”，这是审题立意的又一个导向。而“结合自己的学习和生活经验”则是引导考生写自己熟知的领域，写自己熟悉的生活，写真实的个性鲜明的文章。

要求是常规指向，考生非常熟悉，一一落实就是了。

【答案】

例文：

在传承中锐意创新

在《红楼梦》“大观园试才题对额”情节中，众人给匾额题名有着不同的做法。取“翼然”二字是“直接移用”，题“泻玉”是“借鉴化用”，而用“沁芳”二字则是“根据情境独创”。我们主张，在大力弘扬优秀传统文化的今天，更需“独创”即创造性地传承。

如果说中华文化是一座大厦，那么“移用”与“化用”的文化就是水泥，是大厦的基础，而“独创”的文化则是钢筋，是使大厦永葆活力、处于不倒之境的关键。时代发展如江河奔涌向前，在传承中锐意创新，方能稳步前行，方能跟上时代的步伐。

文化要发展，传承是必经之路。“移用”为基，“化用”为翼，中华文化固若金汤。德·斯宾格勒说：“一个失去了自身文化的民族，是一个漂泊无根的民族。”文化是民族之基础，国家之根本。假如一个国家缺乏文化的传承，那么民族精神与个体灵魂便会无所依托，便会逐渐走向虚无。正是因为走文化传承之路，我们才能在《诗经》中感受先秦百姓的生活，才能在《离骚》中体会屈原的爱国情怀，才能在《史记》中了解上至传说中的黄帝时代，下至汉武帝太初四年共3000多年的历史……若无传承，文化大厦便不复存在。

文化要发展，创新是必备技能。“独创”为魂，中华文化历久弥新。传承是文化的延续，创新是时代的呼唤。上海戏剧学院学生边靖婷，与同学一起通过线上平台向大家展示宣传传统京剧戏腔，让戏腔走出剧院，走进网络，为更多人所了解。故宫，不止步于传统的展示，与现代科技互联网深度融合，积极展现自身的文化魅力。现在故宫已向腾讯平台开放了很多展品，比如《十二美人图》《韩熙载夜宴图》《海错图》……故宫的创新不仅吸引了无数年轻人关注传统文化，更使无数人自发成为传承者。有人曾说：“古老传统文化如果不走向现代生活，那它就永远只是停留在故纸堆中的一堆符号而已。”我们既要传承传统文化，又要在传承中锐意创新，让更多人了解优秀传统文化，为文化大厦注入活力。

在传承中锐意创新，不限于文化领域。比如，在中医药领域，疫情期间，无数医者传承中医药精华，锐意创新，使得中药在抗击疫情中发挥了重要作用；在航天领域，从“神舟”一号到十四号，从“嫦娥”奔月到“天问”探火，从“北斗”造福人类到空间站开门纳客，如此成就，与一代代航天人“移用”“化用”“独创”技术密不可分……在现实生活中的每一个领域，我们都需做到在传承中锐意创新。

没有传承，再新的“独创”也不过是无源之水；没有“独创”，再好的传承也不过是一潭死水。让我们在学习中踏实传承，在传承中锐意创新，为实现中华民族伟大复兴的中国梦奋力前行。

后 记

当这本书即将付梓的时候，我终于长长地舒了一口气。在关于《红楼梦》整本书阅读的书籍已大量出版的今天，有出版社愿意冒着风险对本书予以出版，这对于一个辛勤耕耘了几年的作者而言，该是多大的肯定与鞭策啊！我愿意将自己的研究所得与人分享，也真诚地希望我的书稿能为读者提供帮助，为更多的人带来便捷和收获。书籍的出版为读者朋友提供了这种可能。

之前我参与编写或主编的书不少，有二十余种之多，但独立编著还是第一次，所以我格外重视。书籍的出版了却了我的一桩心愿。此时此刻，我的欣喜是难以言表的。也许是这个缘故，当所有的酸甜苦辣涌上心头，却又不知从何说起。既然如此，所有的辛苦就让它随风飘散吧，所有的成果就让读者评判吧！

在此，我只想说一下我的感谢。虽然不能免俗，但我觉着唯有如此，才能把我诚挚的感激之情表达出来。首先我要感谢我的妻子、语文高级教师邵英兰女士，她是书稿的第一读者，她的每一份肯定与鼓励，以及她的每一次批评与斧正，都是书稿得以高质量完成的保证。我还要感谢正高级教师、特级教师谢泽运校长，中国社会科学院法学博士、高级教师邓跃茂书记，两位领导的关心、过问、指导与支持，使我对书籍的出版增强了信心。

我还要感谢东方出版社的姚恋女士，是她的认可与助推，才使本书得以出版。我还要感谢这本书的责任编辑王晶晶及相关工作人员，是他们的辛勤工作，保证了书籍的精彩呈现。

我还要感谢帮我校对的青年教师彭蕾、常苗林，作为我的同事和徒弟，她们的认真校对也为本书增色不少。我更要感谢那些为本书提供了原始素材的广大教师与学生，他们的智慧为丰盈本书的内容奠定了基础。

最后，我还要衷心感谢著名语文教育专家、正高级教师、特级教师、中国教育学会中学语文教学专业委员会副理事长、北京市教科院基教研中心副主任李卫东先生，全国著名语文特级教师、教育部国培计划专家库入库专家、课程改革专家组成员、北京师范大学第二附属中学正高级教师何杰先生，他们的审阅与荐读，是对我的莫大鼓励！

纸短情长，我愿意在各位师友的指导帮助下，奉献更多的成果，做出更大的成绩！

2023 年 2 月